Janike Tammena

Dimensionen von Achtsamkeit in Beratungsprozessen

Janike Tammena

Dimensionen von Achtsamkeit in Beratungsprozessen

Eine theoretische und empirische Untersuchung

Tectum Verlag

Janike Tammena

Dimensionen von Achtsamkeit in Beratungsprozessen.
Eine theoretische und empirische Untersuchung

ISBN: 978-3-8288-3650-1

Umschlagabbildung: photocase.com © ponyQ (bearbeitet)
Umschlaggestaltung: Norman Rinkenberger | Tectum Verlag
Druck und Bindung: CPI buchbücher.de, Birkach
Printed in Germany

Besuchen Sie uns im Internet
www.tectum-verlag.de

Bibliografische Informationen der Deutschen Nationalbibliothek
Die Deutsche Nationalbibliothek verzeichnet diese Publikation in der Deutschen Nationalbibliografie; detaillierte bibliografische Angaben sind im Internet über http://dnb.ddb.de abrufbar.

INHALTSVERZEICHNIS

Darstellungsverzeichnis

Abstract

In dieser theoretischen und empirischen Untersuchung werden zunächst die Parallelen zwischen Achtsamkeit im Buddhismus, in westlichen Philosophien und in der psychologischen Forschung herausgearbeitet. Eine Zusammenfassung der grundlegenden traditions- und theorieübergreifenden Achtsamkeitsdimensionen wird in einem Achtsamkeitsmodell dargestellt. Das Ziel der empirischen Untersuchung besteht darin, herauszufinden, welche dieser Dimensionen von Achtsamkeit sich in Beratungsprozessen finden, die keine explizite Achtsamkeitsorientierung haben. Außerdem wird geprüft welcher Zusammenhang zu den untersuchten Beratungsansätzen besteht. Exemplarisch werden für die Analyse die Introvisionsberatung, die Gestaltberatung und die Systemische Beratung gewählt. Dazu werden mit Beratenden problemzentrierte Interviews geführt und diese anschließend mit Hilfe der qualitativen Inhaltsanalyse in Anlehnung an Mayring (2015) ausgewertet.

Die Ergebnisse zeigen, dass sich einzelne Dimensionen von Achtsamkeit auch in Beratungsprozessen finden, die keine explizite Achtsamkeitsorientierung haben. Bei Betrachtung der Untersuchungsergebnisse und des theoretischen Hintergrundes, lassen sich Dimensionen von Achtsamkeit in allen drei untersuchten Beratungsrichtungen finden.

1. Einleitung

Achtsamkeit als Haltung der Umwelt- und Selbstwahrnehmung sowie Methode zur Stressreduktion wurde in den letzten Jahren zunehmend in das Interesse psychologischer Forschung gerückt. Achtsamkeit hat seinen Ursprung im Buddhismus und beschreibt eine Haltung, in der die Aufmerksamkeit konsequent auf die Erfahrung des Augenblicks gerichtet wird. Der gegenwärtige Moment wird mit einer nicht wertenden, bewussten Aufmerksamkeit in seiner Vollständigkeit betrachtet. Alle aufkommenden Gedanken, Gefühle und körperlichen Empfindungen werden akzeptiert und dann losgelassen. Im Buddhismus wird Achtsamkeit als Weg gelehrt, der zu Wohlbefinden und einem von Leid befreiten Leben führt. Bei näherer Betrachtung der christlichen Tradition, lassen sich auch hier Parallelen zur Achtsamkeit finden. Besonders das Verständnis des Begriffs „Gelassenheit" aus der christlichen Mystik, scheint der Achtsamkeit sehr nahe zu sein. Achtsamkeit kann als Erfahrungswissen verstanden werden, das im spirituellen Kontext entstand und zunächst auf den psychotherapeutischen Kontext verlagert wurde.

Achtsamkeit hat sich im Rahmen der Psychotherapie bereits als Technik zur Stressbewältigung etabliert. Laut Hayes et al. (2004) wird Achtsamkeit als „dritte Welle" der Verhaltenstherapie bezeichnet. Durch die Auseinandersetzung mit "neuen" Prinzipien, wie dem der Achtsamkeit, begann die Relativierung der verhaltenstherapeutischen Veränderungsideologie, die vor ca. 30 Jahren begann (vgl. Heidenreich, Michalak 2009: 12).

In der empirischen Forschung finden sich zahlreiche Belege, die für die Wirksamkeit von Interventionen sprechen, in denen Achtsamkeitskonzepte vermittelt werden. Dabei bezieht sich die bisherige Forschung zurzeit größtenteils auf Wirksamkeitsstudien. Doch auch außerhalb der Psychotherapie findet Achtsamkeit Beachtung. Erste Ansätze finden sich in wirtschaftlichen Organisationen (Flaxman & Bond, 2006), in der Pädagogik (Altner, 2012; Kaltwasser, 2013) und in der Paarberatung (Carson et al., 2004). Ebenso finden achtsamkeitsbasierte Ansätze Anwendung im Rahmen des Erwerbs von Selbst- und Sozialkompetenz durch Introvision im Pädagogikstudium (Iwers-Stelljes, 2008) und im Rahmen der Erhöhung von Gelassen- und Handlungsfähigkeit mit Hilfe mentaler Selbstregulation und Introvision (Wagner, 2007; Wagner, Iwers-Stelljes, 2005). Grepmair und Nickel (2007) zeigen in ihrer Studie, dass sich das Üben der Achtsamkeit auf Seiten der Therapierenden günstig auf die Therapieergebnisse auswirkt.

Auch in der Beratung finden sich Konzepte, bei denen Parallelen zur Achtsamkeit zu vermuten sind. Das Ziel der vorliegenden empirischen Untersuchung besteht darin, herauszufinden, welche Dimensionen von Achtsamkeit Bestandteil unterschiedlicher Beratungsansätze sind. Exemplarisch werden für die Analyse die Introvisionsberatung, die Gestaltberatung und die Systemische Beratung ausgewählt. Dazu werden mit fünf Beraterinnen unterschiedlicher Beratungsansätze problemzentrierte Interviews geführt und anschließend mit Hilfe der qualitativen Inhaltsanalyse in Anlehnung an Mayring (2015) ausgewertet. Leitend sind dabei folgende Fragen:

1) *Welche Dimensionen von Achtsamkeit lassen sich in Beratungsprozessen finden, die keine explizite Achtsamkeitsorientierung haben?*
2) *Welche Rückschlüsse können auf die untersuchten Beratungsansätze (Gestaltberatung, Introvisionsberatung und Systemische Beratung) gezogen werden?*

Im ersten theoretischen Teil der Arbeit werden zunächst die Ursprünge der Achtsamkeit im Buddhismus (2.1), seine Parallelen zu dem Gelassenheitsbegriff in der christlichen Mystik (2.2) sowie seine Integration in die klinisch-psychologische Forschung (2.3) aufgezeigt. Leitend ist dabei die Frage, aus welchen Dimensionen sich Achtsamkeit zusammensetzt. Zusammenfassend werden die herausgearbeiteten Dimensionen dargestellt (2.4) und ein Überblick über die Anwendungsbereiche und den aktuellen Forschungsstand von Achtsamkeit gegeben (2.5).

Im zweiten theoretischen Teil der Arbeit findet eine Annäherung an den Begriff Beratung statt (3.1). Es werden die Beratungsansätze im Überblick dargestellt, aus deren Tradition die interviewten Beraterinnen kommen: die Gestaltberatung (3.2), die Introvisionsberatung (3.3) und die Systemische Beratung (3.4). Besonderer Bezug wird hierbei auf die Elemente der Beratung genommen, die eine Ähnlichkeit zur Achtsamkeit aufzeigen. Abgeschlossen wird der theoretische Teil mit der Zusammenführung von Achtsamkeit und Beratung. Dazu wird dargestellt, wie Achtsamkeit als Grundhaltung in der Beratung ausgedrückt werden kann (4.1) und welche Aspekte eine achtsame Beratung ausmachen (4.2). Darüber hinaus erfolgt ein kurzer Einblick in die Rolle von Achtsamkeit in der Pädagogik (5.).

Im empirischen Teil dieser Arbeit geht es um das Vorhandensein von Achtsamkeit in Beratungsprozessen. Zur Beantwortung der Fragestellung werden Interviews mit fünf Beraterinnen[1] geführt, die im Rahmen der qualitativen Inhaltsanalyse in Anlehnung an Mayring (2015) untersucht und ausgewertet werden. Dazu werden im Kapitel 6 zunächst Vorannahmen getroffen sowie die Entwicklung des Erhebungsinstrumentes und die Durchführung der Interviews dargestellt. Des Weiteren wird im Kapitel 7 das für die Beantwortung der Forschungsfrage geeignete Analyseverfahren, die qualitative Inhaltsanalyse nach Mayring (2015), zunächst erläutert (7.1) und dann angewendet (7.3). Die zentralen Ergebnisse der Analyse werden zusammenfassend dargestellt (8.) und in Bezug auf die Fragestellung diskutiert (9.). Um mögliche Erklärungsmuster für die gefundenen Ergebnisse zu erarbeiten, werden die theoretischen Konzepte aus dem ersten Teil der Arbeit mit herangezogen. Ebenso werden die Bereiche aufgezeigt, in denen Achtsamkeitsdimensionen weniger stark ausgeprägt sind.

Im Anschluss daran erfolgt in Kapitel 10 die Formulierung weiterer Forschungsfragen und Hypothesen, die aus den Ergebnissen heraus generiert werden. Schlussfolgerungen für die weitere Forschung leisten einen Beitrag zu der Achtsamkeits- und Beratungsforschung. Dieser besteht zum einen darin Parallelen zu achtsamkeitsgeprägten Beratungsansätzen aufzuzeigen und zum anderen darin, zu einer allgemeinen Verständigungsgrundlage von Achtsamkeit beizutragen.

---

1 Werden Personenbezeichnungen aus Gründen der besseren Lesbarkeit lediglich in der männlichen oder weiblichen Form verwendet, so schließt dies das jeweils andere Geschlecht mit ein. Da an der empirischen Untersuchung ausschließlich Frauen teilgenommen haben, wird in dieser Arbeit jedoch vorwiegend die weibliche Form verwendet.

DER THEORETISCHE HINTERGRUND

Der theoretische Teil dieser Arbeit gliedert sich in die zwei Hauptthemen: Achtsamkeit und Beratung. Zunächst werden der historische und der theoretische Hintergrund von Achtsamkeit dargestellt. Dazu werden zunächst die Parallelen zwischen Achtsamkeit im Buddhismus, in der christlichen Mystik am Beispiel des Gelassenheitsbegriffs und in der psychologischen Forschung herausgearbeitet. Eine Zusammenfassung der grundlegenden traditions- und theorieübergreifenden Achtsamkeitsdimensionen wird in einem Achtsamkeitsmodell dargestellt. Anschließend erfolgt ein Überblick über den aktuellen Forschungsstand und die Anwendungsbereiche von Achtsamkeit.

Im zweiten Theorieteil findet eine Annäherung an den Begriff Beratung statt. Es werden die Beratungsansätze im Überblick vorgestellt, die im empirischen Teil wieder aufgegriffen werden. Dazu gehören die Gestaltberatung, die Introvisionsberatung und die Systemische Beratung. Anschließend wird die Beratung mit der Achtsamkeit zusammengeführt, indem die achtsame Haltung der Beratenden sowie weitere achtsame Komponenten innerhalb von Beratungsprozessen erläutert werden. Ein kurzer Einblick in die Rolle der Achtsamkeit in der Pädagogik rundet den Theorieteil ab.

2. Achtsamkeit

In diesem Kapitel erfolgt eine historische Annäherung an den Begriff der Achtsamkeit. Dafür werden zunächst die im Buddhismus liegenden Wurzeln der Achtsamkeit erläutert. Kern aller buddhistischen Schulen ist das Leben und die Lehre des Buddhas, die in ihren Grundzügen dargestellt wird. Auch in der westlichen Tradition lässt sich ein Achtsamkeitsverständnis finden. Die christliche Mystik ist hier der Ort, in dem sich Parallelen zur Achtsamkeit zeigen, dazu wird beispielhaft die Lehre des Meisters Eckhart und sein Verständnis des Gelassenheitsbegriffs aufgezeigt.

Anschließend wird das Konzept Achtsamkeit von seinen traditionellen religiösen Wurzeln gelöst und seine Etablierung in die Wissenschaft aufgezeigt. In der Psychotherapie ist das Interesse an Achtsamkeit stark angestiegen. Dies zeigt sich unter anderem an zahlreichen Veröffentlichungen. Pionierarbeit im Bereich von Achtsamkeit und Psychotherapie leisteten Kabat-Zinn (u.a. 1990, 2008), Linehan (1993) und Hayes et al. (2004). An dieser Stelle werden auch die Anwendungsbereiche und Programme von Achtsamkeit in der Psychotherapie genannt. Die traditions- und theorieübergreifenden Dimensionen von Achtsamkeit werden in einem Achtsamkeitsmodell zusammenfassend dargestellt. Abschließend erfolgt ein Überblick über den aktuellen Forschungsstand und die Anwendungsbereiche von Achtsamkeit.

2.1 Achtsamkeit im Buddhismus

Das Konzept der Achtsamkeit hat seine Ursprünge im Buddhismus. Die Achtsamkeitspraxis gilt als Kern der buddhistischen Lehre und hat eine 2500 Jahre alte Tradition. Achtsamkeit wird in den alten Pali Schriften[2] mit *satipatthana* übersetzt. Der erste Wortbestandteil *sati* hat die Grund-

[2] Pali ist eine mittelindische Sprache, in der die Lehren des Buddhas im 1. Jahrhundert v. Chr. niedergeschrieben wurden.

bedeutung „Gedächtnis". Im buddhistischen Gebrauch bedeutet das Wort sowohl „die Fähigkeit sich zu erinnern" als auch „die wache Aufmerksamkeit gegenüber der Gegenwart". Der zweite Wortbestandteil *patthana* kann als Grundlage und Ausgangspunkt für Achtsamkeit verstanden werden und bezieht sich damit auf den Körper, das Gefühl, den Bewusstseinszustand und die Geistesobjekte. Ebenso beschreibt *patthana* ein „gegenwärtig halten" der Achtsamkeit (vgl. Nyanaponika 1970: 23).

Das Ziel der Achtsamkeitspraxis ist dabei nicht hauptsächlich Entspannung, Wohlbefinden oder persönliche Zufriedenheit, sondern die Entwicklung von Mitgefühl und die Überwindung des individuellen und gesellschaftlichen Leidens (vgl. Anderssen-Reuster 2011: 4f).

Die Achtsamkeit ist Teil des *Edlen Achtfachen Pfades*[3] des Buddhas und bezeichnet die gelenkte, ruhige Aufmerksamkeit auf alle äußeren und inneren Reize (z. B. Schmerzen, Gefühle und Gedanken) und deren wertungsfreie Wahrnehmung. Es soll eine Art Desidentifikation mit dem Wahrgenommenen entstehen, so dass keine Gedanken und keine (Sinnes-) Wahrnehmungen den Menschen beherrschen können. Achtsamkeit kann als Übung verstanden werden, um in eine Haltung zu kommen, in der die Identifikation mit den schwankenden Leidenschaften und Sinnen der Welt überwunden ist (vgl. Reuster 2011: 9).

Achtsamkeit spielt auch in anderen spirituellen Lehren und Traditionen eine Rolle, wie z.B. den Yoga-Sutren[4]. Im Buddhismus hat sie jedoch mit 2500 Jahren die längste Tradition. Auch innerhalb des Buddhismus gibt es mehrere Schulen und Strömungen mit unterschiedlichen Schwerpunkten, die sich teilweise aus regionalen Unterschieden entwickelt haben. Der *Theravada* hat sich in Südostasien und Sri Lanka ausgebreitet, der *Zen* hauptsächlich in China und Japan. Ebenso gibt es verschiedene tibetische Schulen des Buddhismus (z.B. *Mahayana* und *Vayrayana*) (vgl. Rose, Walach 2009: 29).

Auch in der Betrachtungsweise der Achtsamkeit gibt es Unterschiede. So wird Achtsamkeit entweder als Eigenschaft gesehen, die es zu entwickeln und zu kultivieren gilt oder als ein Aspekt, der in der Natur des menschlichen Geistes liegt (vgl. ebd.: 29). Goldstein (2004) spricht von einem *„westlichen Buddhismus"* der gekennzeichnet ist durch *„Achtsamkeit als seine Methode, Mitgefühl als sein Ausdruck und Weisheit als seine Essenz"* (Goldstein 2004: 132). Die gemeinsame Wurzel aller Schulen liegt in dem Leben und der Lehre des Buddhas, die im Folgenden in seinen wichtigsten Grundzügen dargestellt wird.

---

[3] Der Edle Achtfache Pfad ist zentrales Element der buddhistischen Lehre und zeigt einen möglichen Weg auf, wie Menschen sich vom Leiden befreien können.

[4] Yogasutra bedeutet Yogaleitfaden und ist ein zentraler Ursprungstext des Yoga.

Siddharta Gautama, der historische Buddha, zeigte vor 2500 Jahren einen Weg auf, der zur vollkommenen Freiheit von Leiden führt. Als Sohn eines Fürsten wuchs der Prinz Siddharta in Pracht und Glanz, abgeschottet von allen menschlichen Leiden auf. Er hatte alles, was im damaligen, herkömmlichen Sinne Befriedigung und Zufriedenheit bringt: Reichtum, gutes Aussehen, Macht, Ansehen, Prestige, eine schöne Frau und ein Kind. Den ersten Kontakt mit den menschlichen Leiden machte Siddharta auf den sogenannten *vier Ausfahrten.* Hier begegnete er zum ersten Mal Alter, Krankheit und Tod und erkannte, dass sie zu jedem menschlichen Leben gehören. Er geriet in eine tiefe Sinnkrise und erkannte, dass alle Menschen, unabhängig von äußeren Einflüssen, Alter, Krankheit und Tod unterworfen waren. Weiterhin erkannte er, dass die Früchte, nach denen die Menschen streben vergänglich sind und keine dauerhafte Befriedigung ermöglichen. Als Suchender schloss er sich mit 29 Jahren einer Gruppe von *samanas,* Bettelmönchen, an. Sechs Jahre lebte er in strenger Enthaltsamkeit und Askese, bis er erkannte, dass weder Entsagung noch Überfluss zur Wahrheit und zu einem von Leid befreiten Leben führen. Er beschritt von diesem Zeitpunkt an den *mittleren Weg,* der jede Form von Extremen vermeidet. Entschlossen, nicht eher aufzustehen, bis er aus sich heraus die Verwirklichung erlangen würde, setzte er sich unter dem später nach ihm benannten Bodhi Baum und realisierte *Nibbana:* die Erleuchtung und die vollkommene Freiheit von Leiden und seinen Ursachen. Er wurde zum Buddha, zum Erleuchteten, und lehrte bis zu seinem Tod. Seine erste Lehrrede handelte von den *Vier Edlen Wahrheiten* (vgl. Rose, Walach 2009: 30ff).

Die *Erste Edle Wahrheit* handelt von den menschlichen Leiden *(dukkha),* wozu sowohl die physischen Leiden wie Geburt, körperlicher Schmerz oder Tod gehören als auch psychische Leiden, wie beispielsweise Kummer, Stress, Frustration, Sorge oder Verzweiflung. Die *Zweite Edle Wahrheit* beschreibt die Entstehung der Leiden, die hauptsächlich mit einem Verlangen nach vergnüglichen Sinneseindrücken und Erfahrungen begründet wird. Die *Dritte Edle Wahrheit* besagt, dass die Auflösung der Leiden möglich ist, sobald die von den Menschen selbst geschaffenen Begehren und Anhaftungen losgelassen werden können. Die *Vierte Edle Wahrheit* handelt von dem Weg, der zur Aufhebung des Leidens führt, dem *Edlen Achtfachen Pfad* (vgl. Zechner 2000: 24ff).

Der *Edle Achtfache Pfad* beschreibt einen ganzheitlichen und umfassenden Weg zur Aufhebung des Leidens. Die acht Richtlinien *des Edlen Achtfachen Pfades* lassen sich in drei Hauptbereiche gliedern. Der erste Bereich, Weisheit *(panna),* umfasst rechtes Verstehen und rechtes Denken. Der zweite Bereich handelt von der ethischen Integrität *(sila)* und bezieht sich auf das rechte Handeln, die rechte Rede und den rechten Lebenserwerb. In der dritten Gruppe, Meditation *(samadhi),* geht es um die rechte Sammlung, das rechte Bemühen und die rechte Achtsamkeit (vgl. ebd.: 59ff).

Die rechte Achtsamkeit *(samma-sati)* ist die Achtsamkeit gegenüber allen Erfahrungen. Durch das achtsame Wahrnehmen eigener Gedanken, Gefühle, Körperempfindungen und Geisteszuständen, unabhängig davon ob sie angenehm, unangenehm oder neutral sind, eröffnet sich den Menschen die wahre Natur des Geistes. Achtsamkeit ist dabei sowohl Weg als auch Ziel und erfordert eine Praxis, um sich allmählich von leidsamen Vorstellungen und Reaktionen zu lösen (vgl. Rose, Walach 2009: 38).

Grundlage der Meditationspraxis buddhistischer Übungswege ist die große Lehrrede von den Grundlagen der Achtsamkeit, in der Achtsamkeit anhand von *vier Trainings- und Beobachtungsbereichen* gelehrt wird (*satipatthana Sutta*). Das erste Objekt, auf das sich Achtsamkeit richten kann, ist der Körper *(kaya)*, das zweite Objekt das Gefühl (*vedana*), das dritte Objekt der Geist *(citta)* und das vierte Objekt der Inhalt des Geistes bzw. die Geistesobjekte (*dhamma*), wie Gedanken, Stimmungen und Bewertungen (Zarbock, Ammann, Ringer 2012: 127). Diese vier Bereiche der Achtsamkeit werden nachfolgend näher ausgeführt:

Achtsamkeit auf den Körper

Die Achtsamkeit auf den Körper bildet die Grundlage der Achtsamkeitspraktiken. Durch bewusstes Ein- und Ausatmen und die Aufmerksamkeit auf die Körperhaltung sowie Körperempfindungen gelingt es, sich mit der Gegenwart zu verankern und aus dem Denken heraus, in den jetzigen Moment zu gelangen. Die Atmungs-Achtsamkeit führt zunächst zu einer geistigen Beruhigung. Indem der Atem in seinem natürlichen Rhythmus, mit einer stetigen und gleichzeitig „schwingenden" Achtsamkeit, d.h. ohne Anstrengung oder Verkrampfung, beobachtet wird. Aus dieser ruhigen Beobachtung entsteht eine Vertiefung des Atem-Rhythmus, der nach Nyanaponika (1970) zu einer Vertiefung und Beruhigung des Lebens-Rhythmus führt (vgl. Nyanaponika 1970: 57f). Nach Nyanaponika (1970) führt schon die kurze Hinwendung zum Atem im Alltag zu einem *„wohltuenden Gefühl der Geborgenheit und Lebenssicherheit"* (Nyanaponika 1970: 58). Besonders vor wichtigen Entscheidungen und Gesprächen kann diese Hinwendung zu bewussteren Antworten und Handlungen führen. Die auf die Atmung gerichtete Achtsamkeit (*anapanna sati*) ist nach Rose und Walach (2009), im Gegensatz zur Aufmerksamkeit auf die Empfindungen und die Geisteszustände, leichter zu erreichen (vgl. Rose, Walach 2009: 35).

Die Achtsamkeit auf den Körper wird durch die gezielte Aufmerksamkeit auf die eigenen Körperhaltungen geschult. Im *Sutra* heißt es, dass sich die Achtsamkeitsübenden immer ihrer eigenen Haltung bewusst sein sollten (vgl. Thich Nhat Hanh 2009: 54).

Achtsamkeit auf die Gefühle

Die zweite Grundlage der Achtsamkeit *(vedana)* stellen die Gefühle dar. Wobei sich *vedana* auf die Kategorisierung von Reizen und Gefühlen in angenehm, unangenehm und neutral bezieht. Hier sind nicht die Emotionen gemeint, sondern die aus der Emotion folgende Interpretation eines Objektes. *„Die gefühlsmäßige Bewertung gehört zu den ersten Reaktionen des Geistes auf einen Sinneseindruck und bedarf einer besonderen Aufmerksamkeit."* (Nyanaponika 1970: 65). Bei der Achtsamkeit auf die Gefühle geht es darum, bei der ersten Gefühlsreaktion innezuhalten, diese zu beobachten und nicht zu reagieren (vgl. Zarbock, Ammann, Ringer 2012: 129). Meistens erfolgt auf die Kategorisierung von Sinneseindrücken eine Kette von Reaktionen. Durch die achtsame und urteilsfreie Betrachtung wird es möglich, sich nicht mit ihnen zu identifizieren, sondern sie zu erkennen als das, was sie sind: vorübergehend angenehme, unangenehme oder neutrale Erscheinungen (vgl. Rose, Walach 2009: 35).

Achtsamkeit auf den Geist

Die dritte Grundlage der Achtsamkeit ist der Geist *(citta). Citta* umfasst länger anhaltende Emotionen und Stimmungen (z.B. Freude, Liebe, Wut, Langeweile). Stimmungen und Emotionen können durch ihre zeitliche Dauer voneinander abgegrenzt werden. Während eine Emotion mit einer Dauer von wenigen Sekunden bis Minuten auftritt, dauert eine Stimmung häufig über einen längeren Zeitraum an (von ca. 10 Minuten bis hin zu Stunden, Tagen und Wochen)[5]. Auch bei der Achtsamkeit auf den Geist, geht es um die urteilsfreie Annahme des aktuellen Geisteszustandes (vgl. Zarbock, Ammann, Ringer 2012: 132). Wobei ursprünglich unruhige Geisteszustände durch den ruhigen Geisteszustand, der Beobachtung und Selbstprüfung, ersetzt werden (Nyanaponika 1970: 69).

Achtsamkeit auf die Geistesobjekte

Die vierte Grundlage der Achtsamkeit bezieht sich auf die Geistesobjekte *(dhamma)*. Zu den Geistesobjekten gehören nach Zarbock, Ammann und Ringer (2012) Gedanken, Wahrnehmungen und Emotionen; sowohl Basisemotionen wie Angst, Ärger, Trauer, Ekel, Verachtung, Freude und Glück als auch die sogenannten sozialen Emotionen wie Stolz, Neid, Eifersucht, Schuld, Scham und Mitgefühl. Nyanaponika (1970) zählt zu den Geistesobjekten lediglich die Denkinhalte. Emotionen dienen als Antreiber und Motivation für Handlungen, daher ist ihre bewusste Wahrnehmung für die Entwicklung von Achtsamkeit von großer Bedeu-

5 Näheres zur Theorie von Emotionen ist zu finden bei Klaus Grawe: Grawe, K. (1998): *Psychologische Therapie.* Hogrefe: Göttingen.

tung (vgl. Zarbock, Ammann, Ringer 2012: 133f). Besonders die Wahrnehmung von schwächer ausgeprägten Emotionen wird in einer regelmäßigen Achtsamkeitspraxis trainiert. Außerdem ist hier wichtig zu erkennen, dass Emotionen eng mit Kognitionen und Bewertungen verbunden sind, die durch die Achtsamkeitspraxis losgelassen werden können (vgl. ebd.: 137).

Auf der Suche nach unbedingtem Glück erfuhr der Buddha, dass wahre Freude und innerer Friede in der Freiheit von Verlangen und Anhaftung, der vollkommenen Wertschätzung jedes Moments und im bedingungslosen Mitgefühl für sich selbst und andere zu finden sind (vgl. Rose, Walach 2009: 38).

2.2 Achtsamkeit in der christlichen Mystik

Die christliche Mystik ist der Ort, welcher der östlichen Achtsamkeitstradition am ähnlichsten ist. Hier wird der Begriff Gott nicht, wie in der jüdisch christlichen Tradition, persönlich gedacht, sondern als Inbegriff des Seins verstanden. Menschliches Ziel ist im Verständnis der christlichen Mystik, sich mit diesem vollkommenen Sein wesens- und erfahrungsmäßig zu verbinden. Der Weg der inneren Erfahrung des Buddhas und die Vereinigung mit Gott im christlichen Westen zeigen Parallelen auf. Wahrscheinlich ist, dass Jesus selbst den Erfahrungsweg des Buddhas gegangen ist und diesen vermitteln wollte (vgl. Rose, Walach 2009: 40ff).

In der christlichen Tradition treten auf den ersten Blick keine eigenen Theorien und Übungswege der Achtsamkeit auf, die mit denen im Buddhismus vergleichbar wären. Dennoch stehen Teile des Neuen Testaments inhaltlich der Lehre der Achtsamkeit nahe (vgl. Manstetten 2011: 29). Auch das im Raum der orthodoxen Kirche praktizierte „Jesus Gebet“[6], dessen Kennzeichen die Achtsamkeit auf Körperhaltung, Atem und Herzschlag ist, kommt nach Jungclaussen (1974) den buddhistischen Achtsamkeitsübungen nahe.

Im Folgenden werden die Aspekte von Achtsamkeit, die sich in den Lehren des dominikanischen Philosophen und christlichen Mystikers Meister Eckhart (um 1260-1327) finden, aufgeführt. Unter dem Begriff „Christliche Mystik“ sammeln sich Lehren, in deren Zentrum die Überwindung der Dualität (Subjekt/Objekt, Erkennende/Erkannte) und die Einswerdung mit dem Göttlichen stehen (vgl. Baeza 2009: 9). Meister Eckharts Mystik entstand in einer Epoche in Europa, in der die Men-

6 Das Jesus Gebet, auch immerwährendes Gebet genannt, ist ein Gebet bei dem ununterbrochen der Name Jesu Christi angerufen wird. Es ist besonders im Bereich der orthodoxen Kirche verbreitet.

schen nach einem spirituellen Wegweiser suchten (vgl. ebd.: 46). Eckhart (1979, 1993) war ein angesehener Seelsorger und Theologe seiner Zeit, doch viele der radikalen Äußerungen in seinen Predigten und Traktaten waren schon zu seiner Zeit umstritten und endeten in einer Verurteilung durch die Kirche und in einem Häresie[7] Verfahren (vgl. ebd.: 9). Trotz eines Verbotes der Verbreitung seiner Lehre durch die Kirche, hatte Meister Eckhart einen bedeutenden Einfluss auf die spätmittelalterliche Spiritualität (vgl. Flasch 2010: 11).

Im Zentrum Eckharts Lehre steht eine Haltung, die er als Gelassenheit bezeichnet. Seine Lehre der Gelassenheit steht jedoch in keinem Zusammenhang mit dem alltagssprachlichen Gebrauch des Wortes „gelassen". Doch was genau verstand Meister Eckhart unter Gelassenheit? Zunächst ist anzumerken, vor welchem Hintergrund Meister Eckhart seine Lehren verfasst hat. Als christlicher Theologe und Mitglied des Dominikanerordens wurzelt seine Lehre in der Bibel und der Überzeugungskraft der Philosophie. Die christliche Religiosität stellt nach Eckhart einen Weg dar, auf die Einheit mit dem Sein ohne Form hin zu leben. Doch er betont auch, dass jede andere Religiosität, die diese Einheit fördert, gut ist, egal welchen Namen sie trägt (vgl. Manstetten 2011: 44). Die Gelassenheit, die Meister Eckhart auch als Lebenseinstellung beschreibt, führt zu einer inneren Distanz zu eigenen Bestrebungen, Vorstellungen und zu jeder Form von Ehre und Besitz (vgl. Flasch 2010: 75). Er betont, dass die Menschen allen Objekten erst ihren Wert verleihen und Erwünschtes so die eigene selbstgebaute Welt bildet. *„Weil du den Wert an alle Dinge verleihst, hinderst du dich selbst, wenn sie dich hindern."* (ME 1993b: 193)[8] Der Mensch soll nach Eckhart (1979, 1993) abgelöst sein von allen Dingen, die ihn innerlich und äußerlich binden. So kann der Mensch, indem er alle Dinge lässt, in der Einheit zur Ruhe kommen (vgl. Flasch 2010: 65).

Gelassenheit im Sinne Meister Eckharts beschreibt eine beständige Haltung, die jeder Tätigkeit zugrunde liegt und so zu einer Lebenseinstellung wird. Nach Eckhart ist ein Mensch, der in allem was er tut und was ihm zustößt das Lassen praktiziert, ein gelassener Mensch (vgl. Manstetten 2011: 23). *„Nimm dich selbst wahr, und wo immer du dich findest, da lass dich; das ist das Allerbeste."* (ME 1993b: 340f) Ungelassene Menschen sind daran zu erkennen, dass sie über ihre Lebenssituation klagen:

---

7 Häresie= Irrlehre, Abweichung von der Rechtgläubigkeit, Lehre die im Widerspruch zu einer christlichen Großkirche steht.

8 Zitate von Meister Eckhart werden nicht in ihrer originalen mittelhochdeutschen Formulierung wiedergegeben, sondern in der Übersetzung Josef Quints in ME 1993a und ME 1993b.

„Mit mir wird es niemals recht, wenn ich nicht da oder dort bin und so oder so tue, ich muss in der Fremde leben oder in einer Klause oder in einem Kloster." (ME 1993b: 338f). Dieses Klagen kann als Zeichen von Unachtsamkeit interpretiert werden (vgl. Manstetten 2011: 24).

Eckharts Weg der Gelassenheit lässt sich in drei Schritte aufteilen. Zunächst betont Eckhart, dass der Mensch selbst die Ursache seines Leidens ist. Das bedeutet nicht, dass er die Ursache für die Verhältnisse ist, unter denen er leidet. Aber er ist die Ursache für die negativen Auswirkungen auf sein Gemüt (vgl. ebd.: 26). *„In der Wahrheit, das bist alles (nur) du selbst und überhaupt nichts anderes. Es ist Eigenwille, auch wenn du es nicht weißt oder es dir nicht so vorkommt: Niemals steht ein Unfrieden in dir auf, der nicht aus dem Eigenwillen kommt, ob man es merkt oder nicht merkt [...]. Nicht das ist schuld, dass dich die Weise oder die Dinge hindern: du bist es selbst in den Dingen, was dich hindert, denn du hältst dich untergeordnet in den Dingen."* (ME 1993b: 338f)

In einem zweiten Schritt erfolgt eine Übung von Achtsamkeit. Meister Eckhart fordert mit seiner Lehre dazu auf, das Innere zu beobachten, besonders die Dinge, die als „Plage" empfunden werden. Es ist darauf zu achten, wie die negative Stimmung in dem Menschen entsteht, ihm zu Bewusstsein kommt und welche persönliche Reaktion folgt. Weiter betont Eckhart an diesem Punkt die Gefahr der Automatismen im Denken. Der Mensch neige dazu immer wiederkehrenden Automatismen zu folgen. Dazu können immer wiederkehrende Gedanken oder Verhaltensweisen gehören, wie den Ärger gegen sich oder andere zu richten oder mit sich herumzutragen. Die Voraussetzung für die Auflösung des Leidens ist es, diese Automatismen zu unterbrechen (vgl. Manstetten 2011: 25).

In einem dritten Schritt geht es um die Unterbrechung dieser Automatismen. Eckhart betont, dass der Mensch nicht an die Automatismen im Denken und Handeln gefesselt ist, sondern sie unterbrechen kann. Fliehen vor ihnen kann er allerdings nicht, denn die persönlichen Verhaltensmuster, Prägungen, Wünsche und Abneigungen nimmt der Mensch immer mit (vgl. ebd.: 25f). *„Darum fang zuerst bei dir selbst an und lass dich! In der Wahrheit fliehst du nicht zuerst dich selbst, anderswo, wohin du immer fliehen magst, da wirst du Hindernis und Unfrieden finden, es sei, was immer es sei."* (ME 1993b: 338f)

Der Weg der Gelassenheit ist für Meister Eckhart der Weg, den Jesus Christus allen Menschen vorgelebt hat. Er sieht in Jesus Christus, der eins ist mit dem Sein ohne Form (Joh 10, 30) und alle Menschen in diese Einheit ruft (Joh 17, 10), das Vorbild für den vollkommen gelassenen Menschen (vgl. Manstetten 2011: 43). Bestimmte Stellen des Neuen Testaments stehen Eckharts Lehre der Gelassenheit sehr nahe. Jesus ermahnt seine Jünger an vielen Stellen zunächst auf sich selbst und nicht auf die anderen zu achten. *„Richtet nicht, damit ihr nicht gerichtet werdet."*

(Mt. 7:1) *„Was siehst du aber den Splitter in deines Bruders Auge und nimmst nicht wahr den Balken in deinem Auge?"* (Mt. 7:3)[9] Die Haltung der vollkommenen Gelassenheit, die Eckhart empfiehlt, scheint auch die Quelle für die Seligpreisungen der Bergpredigt zu sein. Jesus deutet auf diese Haltung hin, indem er Menschen beschreibt, denen das *Himmelreich* gehört und die *selig* sind, obwohl sie unter schwierigen äußeren Umständen, wie Demütigung und Verfolgung, leiden (vgl. Manstetten 2011: 27).

Schmerz und Leid sind auch nach Eckhart eine Möglichkeit das Annehmen des gegenwärtigen Augenblicks zu üben und so zur göttlichen Einheit, zur Vollkommenheit, zu gelangen. Diese Annahme des Augenblicks ist das entscheidende Kriterium für einen gelassenen Menschen. Annehmen bedeutet hier das wahrzunehmen, was der Mensch naturgemäß nicht annehmen kann, wozu in besonderem Maße das Leiden gehört. *„Das schnellste Tier, das euch zu dieser Vollkommenheit trägt, ist das Leiden [...]."* (ME 1993b: 458f). Durch diese Annahme kann die ursprüngliche Einheit wiedererlangt werden (vgl. Baeza 2009: 29).

Meister Eckhart (1979, 1993) betont an vielen Stellen in seinen Lehren die Bedeutung des Augenblicks, der angenommen bzw. *gelassen* werden sollte. Solange der Mensch Widerstand gegenüber dem Augenblick leistet, stellt er sich gegen das Leben, das sich ausschließlich im Augenblick entfaltet (vgl. ebd.: 29f). Eckhart interpretiert den gegenwärtigen Augenblick als Wille Gottes, der mit Widerstand oder Ergebung begegnet werden kann. Den Willen Gottes annehmen heißt nach Eckharts Verständnis, das Gegenwärtige als Gegenwärtiges zuzulassen. Jeder Augenblick ist ein Ort, der dem Leben des Menschen entspricht und der laut Eckhart als Gabe Gottes erfahren werden kann. Gelingt es dem Menschen den gegenwärtigen Augenblick anzunehmen, ist er eine Röhre, durch die das göttliche Leben strömen kann und der so die Gegenwart als neue Schöpfung entstehen lässt (vgl. Manstetten 2011: 41f). *„Ihr müsst wissen: Die Menschen, die sich Gott lassen und nur seinen Willen mit allem Fleiß suchen, was immer Gott solchen Menschen gibt, das ist das Beste [...]. Nun könntest du sagen: Woher weiß ich, ob es der Wille Gottes ist oder nicht? Wisset: Wäre es Gottes Wille nicht, so wäre es auch nicht."* (ME 1993a: 46f)

Ist der Mensch in den Zustand der Gelassenheit eingetreten, erfolgt nach Eckhart (1979, 1993) eine Transzendierung der linearen Zeit. Das Ich, das sich von allem Kreatürlichen gelöst hat, befindet sich nicht mehr auf einem Punkt auf einer linearen Zeitstrecke. Zum Kreatürlichen zählt Eckhart nicht nur jeden Willen und jedes Begehren des Menschen, sondern auch jede Art des Denkens. Wird das Denken, das Vergangenheit und Zukunft erschafft, losgelassen, gibt es weder Vergangenheit noch

[9] Die Bibelzitate stammen aus der Lutherübersetzung 1984

Zukunft; lediglich den jetzigen Augenblick (vgl. Baeza 2009: 32f). Mit dem Denken werden auch alle Absichten, Zwecke und Ziele in der Zukunft sowie Schuldgefühle, die aus der Vergangenheit stammen, losgelassen. Der Mensch soll laut Eckhart absichtslos wirken, ohne etwas erreichen zu wollen. (vgl. Manstetten 2011: 33). *„Solange du deine Werke wirkst um des Himmelreiches oder um Gottes oder um deiner ewigen Seligkeit willen, also von außen her, so ist es wahrlich nicht recht um dich bestellt [...]. Denn wer Gott in einer bestimmten Weise sucht, der nimmt die Weise und verfehlt Gott, der in der Weise verborgen ist."* (ME 1993a: 70f)

Um in den Zustand der Gelassenheit zu kommen, muss auch das Selbst losgelassen werden. Jeder Mensch hat ein Bewusstsein von sich selbst entwickelt, ein Selbstbewusstsein, das an bestimmte Vorstellungen und Bilder geknüpft ist. Dazu gehört die Vorstellung von: „Das bin ich, das bin ich nicht.". Das kann die Identifikation mit Leistungen und Fähigkeiten, aber auch mit Schwächen und Unfähigkeiten sein. Diese Identifikation ist, teilweise auch unbewusst, an bestimmte Ängste oder Moralvorstellungen geknüpft, die das eigene Handeln antreiben. Diese Selbstbilder gilt es loszulassen. Sie müssen nicht komplett verschwinden, aber der Mensch sollte sich nicht an sie fesseln, indem er sein Wesen darüber definiert. Diese Bilder entsprechen nicht dem wahren menschlichen Wesen. Sie sind etwas Vorläufiges und so sollten die Bilder, wie alles was einem zu Bewusstsein kommt, kommen und wieder gehen (vgl. Manstetten 2011: 31f).

Die vollkommene Gelassenheit des Menschen schließt nicht aus, dass nicht auch negativ interpretierte Gefühle von beispielsweise Zorn oder Traurigkeit empfunden werden können. Diese Gefühle setzen sich jedoch nicht mehr fest und können leichter losgelassen werden. Sie sind also keine Hindernisse für die grundsätzliche Bereitschaft das Leben, das sich immer im jetzigen Moment entfaltet, anzunehmen. Es bedeutet auch nicht, dass der gelassene Mensch keine Sensibilität für andere hat oder keine Liebe mehr empfinden kann. Im Gegenteil kommt mit der Gelassenheit das Geschenk der Liebe und der Nächstenliebe, die im Grunde ein und dasselbe sind. Laut Eckhart (1979, 1993) liebt sich ein ungelassener Mensch selber nicht und er kann dies daran erkennen, dass er seinen Nächsten nicht liebt (vgl. ebd.: 42f).

„Hast du dich selbst lieb, so hast du alle Menschen lieb wie dich selbst. Solange du einen einzigen Menschen weniger lieb hast, als dich selber, so hast du dich selbst nie wahrhaft lieb gewonnen [...]." (ME 1993a: 46f)

Die Ausführungen über die Lehre von Meister Eckhart zeigen eine deutliche inhaltliche Nähe zwischen der buddhistischen Tradition der Achtsamkeit und der von Meister Eckhart beschriebenen Haltung von Gelassenheit. Beide Lehren beinhalten ähnliche Dimensionen. Dazu gehören die Betonung des Augenblicks, die Auflösung des Denkens und des Selbstbildes (Egos), die Transformation der Zeit und einer aus dieser

Haltung der Gelassenheit (Achtsamkeit) entstehenden liebenden sowie mitfühlenden Haltung.

2.3 Achtsamkeit in der Psychotherapie

Das Prinzip Achtsamkeit hat sich in den letzten Jahren schnell in der Verhaltenstherapie verbreitet und stößt bis heute auf zunehmendes Interesse in der klinischen Psychologie und Psychotherapie. In der Verhaltenstherapie wird die Einbeziehung der Bewusstseinsentwicklung durch Achtsamkeit als „dritte Welle" der Psychotherapie bezeichnet, mit der sich ein Paradigmenwechsel vollzogen hat. Das Therapieziel ist nun nicht mehr Gedanken und Gefühle zu verändern, sondern die Beziehung der Klienten zu ihren Gedanken und Gefühlen. Anstatt negative Gedanken oder Selbstbilder zu analysieren und ggf. durch positive zu ersetzen, werden die Gedanken und Gedankenkonstrukte als solche erkannt und verlieren dadurch an Bedeutung (vgl. Weiss, Harrer 2010: 17). Die Beziehung zum Erlebten (z.B. zu negativen Emotionen) wird demnach verändert und nicht das Erlebte selbst. Dieser Perspektivwechsel führt zu einer Auflösung der Verschmelzung des Bewusstseins mit seinem konkreten Inhalt und zu einer Desidentifikation mit dem Bewusstseinsinhalt (vgl. Bishop et al. 2004: 236).

Das Prinzip Achtsamkeit, das nicht das Ziel, sondern den gegenwärtigen Augenblick fokussiert, widerspricht dem im westlichen Kulturkreis typischen zielorientierten und aktionistischen Vorgehen. Das gegenwärtige Sein hat Vorrang vor allen Zielen. Durch die Ausblendung von Vergangenheit und Zukunft und die bewusste Wahrnehmung der Gegenwart wird paradoxerweise oft ein solides Fundament für eine erfolgreiche Zukunft gelegt (vgl. Anderssen-Reuster 2011: 3).

Zu den Pionieren bei der Integration von Achtsamkeit in die klinische Psychotherapie gehört Jon Kabat-Zinn (1999, 2008, 2009), dessen Anliegen es war, Achtsamkeit bei chronisch kranken Menschen als komplementäres Angebot in die Medizin einzuführen. Auf Grundlage einer von ihm in den 1970er Jahren begonnenen Forschung hat sich das achtwöchige Gruppenprogramm Mindfulness-based Stress Reduction (MBSR) entwickelt, das heute an über 240 Kliniken in Nordamerika und Europa in unterschiedlichen Anwendungsbereichen durchgeführt wird (vgl. Weiss, Harrer 2010: 16). Die Betonung der Nichtanhaftung an das Endergebnis ist nach Kabat-Zinn (2009) eine radikale Abweichung von den meisten klinischen Interventionen (vgl. Kabat-Zinn 2009: 117).

2.3.1 Operationale Definitionen

Kabat-Zinn (1999, 2008, 2009) formulierte vor buddhistischem Hintergrund eine Definition von Achtsamkeit, die durch drei Merkmale gekennzeichnet ist:

1) Die Aufmerksamkeitslenkung auf die Bewusstseinsinhalte des jetzigen Moments.
2) Das bewusste Zurückkommen in das Hier und Jetzt.
3) Eine nicht wertende Haltung gegenüber den Bewusstseinsinhalten (vgl. Heidenreich, Michalak 2009: 14).

Durch die achtsame Lenkung der Aufmerksamkeit auf den jetzigen Moment, wird den aktuellen Bewusstseinsinhalten Aufmerksamkeit geschenkt. Zu diesen Bewusstseinsinhalten können Wahrnehmungen, Gedanken, Gefühle oder Körperempfindungen gehören. Die meiste Zeit im Leben beschäftigen die Menschen sich gedanklich mit der Vergangenheit oder Zukunft, verlieren sich oft in Tagträumen und sind Gefangene in eigenen, abstrakten Gedankengebäuden. Eine bekannte Achtsamkeitsübung, um sich über den gegenwärtigen Augenblick bewusst zu sein und seine Gedanken zu „stoppen", ist das bewusste Atmen. Hierbei wird versucht das Ein- und Ausströmen des Atems und alle dabei vorhandenen Körperempfindungen zu beobachten. Dass diese Übung nicht so simpel ist, wie sie sich zunächst anhört, weiß jeder, der schon einmal versucht hat sich für eine Minute seines Atems bewusst zu sein und an nichts zu denken. Schneller als einem lieb ist, ist die Aufmerksamkeit nicht mehr im Hier und Jetzt, sondern wird durch sensorische Empfindungen oder Gedanken abgelenkt (vgl. Michalak, Heidenreich, Williams 2012: 5). Sollte diese Ablenkung passieren, ist es nach der Definition von Kabat-Zinn (2009) nötig, absichtsvoll mit der Aufmerksamkeit ins Hier und Jetzt zurückzukommen. Dies bezieht sich nicht nur auf die Atemübung, sondern auf alle Bereiche des täglichen Lebens, in denen mit der Achtsamkeitspraxis ein Bewusstsein für den jetzigen Moment geschult wird. Es geht dabei darum, Geist und Körper in der Gegenwart zusammenzuführen und auch bei jeder körperlichen Tätigkeit ganz in der Situation zu sein, ohne gedanklich abzuschweifen (vgl. Kabat-Zinn 2008: 121).

Die Tendenz, eine Tätigkeit zu tun und gedanklich mit etwas ganz anderem beschäftigt zu sein, bezeichnet Kabat-Zinn (2009) als *Autopilotenmodus.* Dieses halbbewusste Ausführen von Alltagstätigkeiten wird durch die bewusste Wahrnehmung des Körpers und der Situation unterbrochen (vgl. Michalak, Heidenreich, Williams 2012: 6).

Achtsamkeit ist nach Kabat Zinn (1990, 2008, 2009) weiter definiert als die nicht wertende Haltung gegenüber den Erlebnisinhalten des gegenwärtigen Augenblicks. Den Erfahrungen des Augenblicks soll mit einer mitfühlenden Akzeptanz begegnet werden, entgegen dem „natürlichen" Drang eigene Gedanken und Erfahrungen sofort in Kategorien, wie angenehm/unangenehm, erwünscht/unerwünscht einzuordnen. Die gegenwärtigen Erfahrungen sollen dabei weder unterdrückt werden noch sollte der Mensch sich in sie verlieren (z. B. durch „nachgrübeln"). In einer achtsamen Haltung gelingt es, mit einer gewissen Distanz, gelassen und nicht wertend auf die Erfahrungen des gegenwärtigen Augenblicks zu schauen (vgl. ebd.: 6). Diese achtsame Haltung ist jedoch nicht mit einer distanzierten Haltung vergleichbar. Sie beinhaltet eine liebevolle und mitfühlende Komponente, ein freundliches und offenherziges Gefühl (vgl. Kabat-Zinn 2009: 108).

Eine weitere operationale Definition von Achtsamkeit entstand in einem Konsensusverfahren unterschiedlicher Forscher (Bishop et al. 2004). In dieser operationalen Definition ist Achtsamkeit von zwei Komponenten geprägt. Achtsamkeit ist hier zum einen definiert als *Selbstregulation der Aufmerksamkeit* und zum anderen als eine bestimmte Orientierung in Form einer *Haltung der Neugierde.* Die erhöhte Wahrnehmung von mentalen Ereignissen des gegenwärtigen Moments geht mit einer erhöhten Wachheit und dem Gefühl völlig präsent und lebendig zu sein einher. Mit einer achtsamen Haltung werden Erfahrungen ohne den Filter eigener Überzeugungen, Wünsche und Erwartungen betrachtet und der Moment wird nicht durch eigene Gedanken bewertet. Die zweite Komponente der Definition ist die bestimmte Orientierung, die mit der bewussten Entscheidung beginnt, eine Haltung der Neugierde gegenüber allen persönlichen Erfahrungen einzunehmen. Den persönlichen Erfahrungen wird auch nach der Definition von Bishop et al. (2009) mit einer akzeptierenden Haltung begegnet. Gedanken, Gefühle und Empfindungen werden bewusst zugelassen. Außerdem werden mit einer bewussten Entscheidung alle Bestrebungen vermieden, die den gegenwärtigen Augenblick verändern wollen (vgl. Michalak, Heidenreich, Williams 2012: 7f).

2.3.2 Achtsamkeit als menschliche Fähigkeit

Nach Kabat-Zinn (2009) ist Achtsamkeit eine Eigenschaft von Aufmerksamkeit und damit eine angeborene menschliche Fähigkeit, die durch Übung gefördert und weiter entwickelt werden kann. *„Wir sind alle in einem bestimmten Maß achtsam, von einem Augenblick zum anderen. Das ist eine angeborene menschliche Fähigkeit."* (Kabat-Zinn 2009: 109) Achtsamkeit ist daher nichts speziell buddhistisches, sondern eine universelle Fähigkeit. Aus der langen buddhistischen Tradition haben sich jedoch viele einfache und wirksame Wege entwickelt, wie diese Fähigkeit kultiviert und verbessert werden kann. Doch die Essenz der buddhistischen Lehre findet sich auch in anderen Traditionen wieder, beispielsweise in den

Lehren des indischen Philosophen Krishnamurti (1999) und des chinesischen Philosophen Lao Tsu (1988) (vgl. ebd.: 108f).

Kabat Zinn (2009) betont die Bedeutung des Übens für die Entwicklung von Achtsamkeit. Das Üben bezieht sich hier sowohl auf die formellen Übungen von Achtsamkeitstechniken, die z.B. im Rahmen einer Achtsamkeitsschulung vermittelt werden als auch auf informelle Übungen, die auf ein stetiges Achtsamkeitsbewusstsein im Alltag zielen. Die einzelnen Techniken (z.B. die Atemmeditation) sind dabei nur das Sprungbrett, das auf ein dahinterliegendes Bewusstsein führt und dürfen nicht mit dem Bewusstsein selber verwechselt werden. Klassische buddhistische Lehrer warnen, dass der Finger, der auf den Mond zeigt, nicht mit dem Mond selber verwechselt werden sollte (vgl. ebd.: 114). Wichtig ist es, sich bei der Achtsamkeitsübung von einem Ziel zu lösen (z.B. Heilung zu erfahren, besonders gute Übungserfolge zu erzielen etc.), es geht nicht darum irgendwo anzukommen oder irgendetwas in Ordnung zu bringen. Mit Üben ist vielmehr gemeint die persönliche Verpflichtung einzugehen, bewusst in jedem Augenblick zu verweilen, mit einer nicht reaktiven Geisteshaltung und einem offenen Herzen. Da es aber quasi unvermeidbar ist, immer wieder in den Strom von konzeptionellen Gedanken und negativen Emotionen zu verfallen, bedarf es einer stetigen Übungspraxis und zwar sowohl auf Seiten der Therapeutinnen als auch auf Seiten der Klienten. Nach Kabat-Zinn (2009) sind wir alle Schüler und beim Lernen und Wachsen handelt es sich um lebenslange Prozesse (vgl. ebd.: 122).

Kabat Zinn (2009) betont die Wichtigkeit, Achtsamkeit als meditative Praxis zu erkennen und nicht aus ihrem Kontext herauszureißen. Ansonsten besteht die Gefahr, dass Achtsamkeit nur als eine weitere kognitiv-verhaltenstherapeutische Übung verstanden wird, die gezielt Veränderungen herbeiführen soll, um etwas „Kaputtgegangenes“ zu reparieren (vgl. ebd.: 107).

2.4 Dimensionen von Achtsamkeit

Bei Betrachtung der ausgeführten Herleitung von Achtsamkeit aus dem Buddhismus (2.1), dem Vergleich mit dem Gelassenheitsbegriff in der christlichen Mystik (2.2) sowie in der Entwicklung und wissenschaftlichen Übertragung von Achtsamkeit in die Psychotherapie (2.3), lassen sich unterschiedliche Aspekte von Achtsamkeit finden. Die folgenden fünf zentralen Dimensionen lassen sich in allen vorgestellten Traditionen und Theorien wiederfinden und werden als Arbeitsdefinition für die weitere Untersuchung dienen.

Darstellung 1: Dimensionen von Achtsamkeit

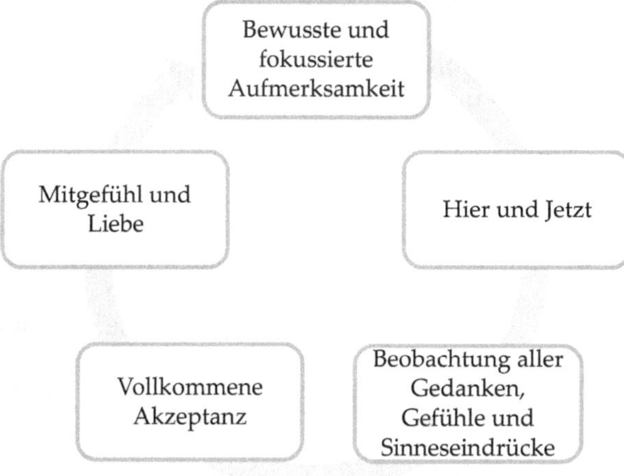

Quelle: eigene Darstellung

Die Darstellung veranschaulicht die fünf zentralen Dimensionen von Achtsamkeit. Demnach ist Achtsamkeit geprägt von einer bewussten und fokussierten Aufmerksamkeit (1.) auf den jetzigen Moment (2.), die Beobachtung aller Sinneseindrücke, Gedanken und Gefühle (3.) und ihre vollkommene Akzeptanz (4.) sowie ein aus dieser Haltung entspringendes Mitgefühl und eine Liebe (5.) für das Leben und alle Lebewesen.

1. Die bewusste und fokussierte Aufmerksamkeit

Die intentionale Fokussierung der Aufmerksamkeit wird durch die einzelnen Achtsamkeitsübungen erreicht. Die bewusst ausgeführten Übungen, wie die Beobachtung des Atems oder das Betrachten einer Kerze bündeln nach Nyanaponika (1970) die Aufmerksamkeit und führen zu einer Beruhigung der Gedanken. Auch im Rahmen psychotherapeutischer Definitionen steht hinter der fokussierten Aufmerksamkeit eine absichtsvolle Handlung. So besteht die erste Komponente der Arbeitsdefinition von Bishop et al. (2004) aus der *Selbstregulation der Aufmerksamkeit* und die zweite Komponente der Definition nach Kabat-Zinn (2009) aus dem *absichtsvollen Zurückkommen* in das Hier und Jetzt (vgl. Michalak, Heidenreich, Williams 2012: 5f).

2. Hier und Jetzt

Der Zugang zu einem achtsamen Bewusstseinszustand ist immer der jetzige Moment (vgl. Heidenreich, Michalak 2009: 14). Da der Körper untrennbar mit dem jetzigen Moment verbunden ist und eine Fokussierung auf den Körper den Menschen aus dem Denken heraus in den

Moment führt, beziehen sich viele Achtsamkeitspraktiken auf Körperwahrnehmungen. So steht in der ersten Grundlage der großen Lehrrede der Achtsamkeit *(satipatthana sutta)* die Achtsamkeit auf den Körper im Mittelpunkt (vgl. Nyanaponika 1970: 58). Besonders die Achtsamkeit auf den Atem *(anapanna sati)* und die Achtsamkeit gegenüber der Körperhaltung und den Körperwahrnehmungen sind Hilfsmittel, um sich im Jetzt zu verankern (vgl. Rose, Walach 2009: 35). Auch Meister Eckhart betont die Bedeutung des Augenblicks, der *gelassen* angenommen werden sollte, denn jeder Widerstand gegenüber dem Augenblick ist Widerstand gegenüber dem Leben, welches sich ausschließlich im Moment entfaltet (vgl. Baeza 2009: 29). In der operationalen Definition von Achtsamkeit nach Kabat-Zinn (2009) ist Achtsamkeit gekennzeichnet durch die Aufmerksamkeitslenkung auf die Bewusstseinsinhalte des jetzigen Moments und durch das bewusste Zurückkommen in das Hier und Jetzt (vgl. Michalak, Heidenreich, Williams 2012: 5).

3. Die Beobachtung aller Gedanken, Gefühle und Sinneseindrücke

Alle Sinneseindrücke, Gefühle und Gedanken werden zunächst beobachtet und als solche erkannt. Meister Eckhart (1979, 1993) fordert dazu auf, das Innere zu beobachten und darauf zu achten, wie negative Stimmungen in einem entstehen und welche inneren Reaktionen folgen (vgl. Manstetten 2011: 25). Dieses Beobachten ist bereits ein wichtiger Schritt um Gedankenkonstrukte zu erkennen, welche die eigenen Handlungen antreiben. In der großen Lehrrede des Buddhas von den Grundlagen der Achtsamkeit ist von der Achtsamkeit auf den Körper, die Gefühle, den Geist und auf die Geistesobjekte die Rede. Alle Bereiche werden zunächst beobachtet und als Sinneseindrücke, Gefühle oder Gedanken erkannt. Kabat-Zinn (2008) nennt den Zustand ständig wiederkehrender Gedanken den *Autopilotenmodus,* der erst, nachdem er als solcher erkannt wird, unterbrochen werden kann (Kabat Zinn 2008: 121, siehe 2.3.1). Meister Eckhart spricht hier von den *Automatismen im Denken* und meint damit sowohl wiederkehrende Gedanken als auch wiederkehrende Verhaltensweisen (vgl. Manstetten 2011: 25, siehe 2.2).

4. Vollkommene Akzeptanz

Alle Sinneseindrücke, Gedanken und Gefühle werden in einer achtsamen Haltung vollkommen akzeptiert. Meister Eckhart (1979, 1993) spricht von einer Haltung der Gelassenheit gegenüber allen Lebensumständen. *„Nimm dich selbst wahr und wo immer du dich findest, da lass dich; das ist das allerbeste"* (ME 1993a: 340f). Auch in der buddhistischen Tradition steht im Zentrum der Achtsamkeit die wertungsfreie Wahrnehmung aller äußeren und inneren Reize (vgl. Reuster 2011: 9). *„Man kann zum Beispiel unwillentlich an etwas anhaften, aber die Achtsamkeit ermöglicht es, dieses Anhaften zu erkennen. Selbst wenn man dann noch kein Loslassen prak-*

tiziert, so ist die auf das Anhaften gerichtete Achtsamkeit schon eine tiefere Erkenntnis." (Kabat-Zinn 2008: 153). Der in der großen Lehrrede der Achtsamkeit *(satipatthana sutta)* beschriebenen bewussten und achtsamen Hinwendung auf den Körper, die Gefühle, den Geist und die Geistesobjekte, folgt ihre bedingungslose Annahme (Zarbock, Ammann, Ringer 2012: 127). Das dritte Merkmal der Definition nach Kabat-Zinn ist die nicht wertende Haltung gegenüber den Bewusstseinsinhalten (vgl. Heidenreich, Michalak 2009: 14).

5. Mitgefühl und Liebe

Auf das Beobachten und die Akzeptanz folgt das Loslassen aller Gedanken und Emotionen bzw. das Loslassen der Identifikation mit ihnen. In diesem Zustand vollkommener Akzeptanz gegenüber dem jetzigen Moment, und damit gegenüber dem Leben selber, entspringt ein Gefühl von Mitgefühl und Liebe. Nach Eckhart (1979, 1993) kommt mit der Gelassenheit das Geschenk der Liebe und der Nächstenliebe (vgl. Manstetten 2011: 42f, siehe auch Kapitel 2.2). Auch nach Kabat-Zinn (2009) beinhaltet Achtsamkeit eine *„liebende und mitfühlende Komponente"* und ein *„Gefühl der offenherzigen, freundlichen Gegenwart und des Interesses."* (Kabat-Zinn 2009: 108).

2.5 Aktueller Forschungsstand und Anwendungsbereiche von Achtsamkeit

Den umfangreichsten Forschungsstrang im Bereich Achtsamkeit stellen Wirksamkeitsanalysen dar. Folgende Publikationen beschreiben die erfolgreiche Wirkung von Achtsamkeitsverfahren in unterschiedlichsten Anwendungsgebieten. Beispielsweise: unspezifischer Stress bei Gesunden (Chiesa & Seretti, 2009; Weinstein, Brown & Ryan, 2009), Rückfallprophylaxe bei Depressionen (Michalak, Meibert & Heidenreich, 2008), Angst (Evans et al., 2008), Sucht (Heidenreich, Schneider & Michalak, 2006), Burnout-Syndrom (Mackenzie, Poulin & Seidman-Carlson, 2006), Schmerz (Grossman, Tiefenthaler-Gilmer, Raysz & Kesper, 2007; Morone, Greco & Weiner, 2008) oder Paartherapie (Christensen, Atkins, Yi, Baucom & George, 2006).

Auch im Bereich der Neurobiologischen Forschung werden physiologische Wirkfaktoren von Achtsamkeit, als eine trainierbare, menschliche Fähigkeit untersucht (Creswell, Way, Eisenberger & Lieberman, 2007; Davidson et al., 2003; Lieberman, Tooby, Cosmides, 2007; Siegel, 2007). In den eben genannten Studien konnte bereits nachgewiesen werden, dass regelmäßige Meditations- und Achtsamkeitspraxis die neuronalen Strukturen im Gehirn verändert.

Zu den Programmen, die als zentrales Prinzip die Entwicklung von Achtsamkeit haben gehören die Mindfulness-based Stress Reduction

(MBSR)[10] nach Kabat-Zinn (1990), die Mindfulness-based Cognitive Therapy (MBCT)[11] von Segal, Williams & Teasdale (2008), die Acceptance and Commitment Therapy (ACT) von Hayes, Strosahl und Wilson (2004) sowie die Dialektisch-Behaviorale Therapie (DBT) nach Linehan (1993).

Die Mindfulness-based Stress Reduction (MBSR) von Kabat-Zinn (1990) ist ein achtwöchiges Gruppenprogramm (mit bis zu 30 Teilnehmenden), das auf den Übungen und Erfahrungen der Teilnehmenden basiert. Die Patienten werden intensiv in Achtsamkeitsübungen geschult. Dazu gehören formelle Übungen, wie z.B. Body Scan, Sitzmeditation und Yoga-Übungen und informelle Übungen mit dem Ziel der Integration von Achtsamkeit in den Alltag. Besonderes Kennzeichen des Programms ist der intensive Austausch der Teilnehmer über ihre Erfahrungen. Ursprünglich wurde das MBSR-Programm für die Behandlung von Menschen mit chronischen Erkrankungen entwickelt. Mittlerweile wird es auch bei Angststörungen, Essstörungen, Hauterkrankungen oder im Bereich der Paartherapie sowie zur Geburts- und Elternschaftsvorbereitung angewendet (vgl. Michalak et al. 2012: 9).

Die Mindfulness-based Cognitive Therapy (MBCT) besteht aus acht zweistündigen Gruppensitzungen und ähnelt in ihrer Grundstruktur dem MBSR Programm. Sie ist eine Weiterentwicklung der MBSR, die im Rahmen einer Forschung zum Rückfallgeschehen bei Depressionen um kognitiv-verhaltenstherapeutische Bestandteile ergänzt wurde (vgl. ebd.: 10).

Im Rahmen der Acceptance and Commitment Therapy werden hauptsächlich zwei zentrale Prinzipien vermittelt: die Steigerung von Akzeptanz und die Förderung eines werteorientierten Lebens. Die Therapieform basiert auf der Annahme, dass die meisten unerwünschten Erlebnisse nicht gelöscht oder kontrolliert werden können, sondern akzeptiert werden müssen. Dies gelingt mit Hilfe spezieller Strategien der Achtsamkeit und Akzeptanz (vgl. Strosahl, Robinson 2009: 14).

Die Dialektisch-Behaviorale Therapie (DBT) nach Linehan (1993) wurde zur Behandlung von Patienten mit Borderline-Persönlichkeitsstörungen entwickelt. Sie umfasst eine Einzeltherapie zur Behandlung akuter Krisen, ebenso wie eine Gruppentherapie zum Erlernen von Achtsamkeitsübungen. Die Notwendigkeit einer achtsamen Grundhaltung des Therapeuten wird betont (vgl. Michalak et al. 2012: 11).

Darüber hinaus findet Achtsamkeit auch außerhalb der Psychotherapie Beachtung. Erste Ansätze finden sich in wirtschaftlichen Organisationen (Flaxman & Bond 2006) in der Paarberatung (Carson et al., 2004)

---

10 Achtsamkeitsbasierte Stressreduktion.

11 Achtsamkeitsbasierte Kognitive Therapie.

und in der Pädagogik (Altner, 2009, 2012). Weiterhin lassen sich Achtsamkeitsansätze im Rahmen der Introvision zum Erwerb von Selbst- und Sozialkompetenz im Pädagogikstudium finden (Iwers-Stelljes, 2008) sowie im Rahmen der Erhöhung von Gelassenheit und Handlungsfähigkeit (Wagner, 2007; Wagner, Iwers-Stelljes, 2005). Grepmair und Nickel (2007) zeigen in ihrer Studie, dass sich eine regelmäßige Achtsamkeitspraxis der Therapierenden günstig auf die Therapieergebnisse auswirkt.

Erste Untersuchungen zum Übertrag von Achtsamkeit in schulische Kontexte finden sich bei Vera Kaltwasser (2013). Die Ergebnisse der Untersuchungen sprechen für die Wirksamkeit und den Nutzen eines von Vera Kaltwasser entwickelten, achtsamkeitsbasierten Trainings (AISCHU), welches im Schulkontext Anwendung findet. Jedoch sind die Ergebnisse aufgrund des Pilotcharakters der Untersuchung nur als erste Anhaltspunkte zu interpretieren und bedürfen weiterer Absicherung (vgl. Kohls, Sauer 2012: 2ff).

3. Beratung

Im folgenden Theorieteil geht es um die professionelle Beratung in pädagogischen Handlungsfeldern. Zunächst wird der Begriff Beratung definiert, theoretisch eingeordnet und anschließend von dem Begriff Therapie abgegrenzt. Für diese Untersuchung werden exemplarisch drei Beratungsansätze ausgewählt, die im empirischen Teil wieder aufgegriffen und nachfolgend in ihren Grundzügen skizziert werden. Zu den ausgewählten Beratungsansätzen gehören die Gestaltberatung, die Introvisionsberatung und die Systemische Beratung. Bei der Darstellung wird besonders auf die Elemente Bezug genommen, die eine Parallele zur Achtsamkeit aufweisen.

3.1 „Was bedeutet Beratung?“ Eine theoretische Einordnung

Eine allgemeingültige Definition von Beratung zu finden ist aufgrund der vielfältigen Einsatzgebiete, Methoden und Menschenbilder nur schwer möglich. Die heutigen Beratungsansätze können jedoch auf fünf unterschiedliche pädagogische und psychologische Schulen zurückgeführt werden. Zu diesen Grundsträngen gehören die Tiefenpsychologie, der Behaviorismus (Verhaltenstherapie), die humanistische Pädagogik und Psychologie, kognitive Ansätze sowie systemisch, lösungsorientierte Ansätze. Die heutigen Beratungsangebote lassen sich auf unterschiedliche Weise in diese Traditionen einordnen

Grundsätzlich bezeichnet die Beratung eine Form der Unterstützung, die von Beratenden für einzelne Ratsuchende (Klienten) oder Gruppen (z.B. Familien, Organisationen) geleistet wird. Die Beratenden unterstützen die Ratsuchenden dabei, die eigene Situation zu erkennen und zu ordnen. Dabei werden die Klienten auf geeignete Lösungen gelenkt und dabei unterstützt ihre Ressourcen zu entdecken (vgl. Wagner, Hinz 2009: 125). Die Beratenden erfassen die Klienten in ihrem Kontext und akzeptieren ihre Lebenswelt. Dabei kann während des Beratungsprozesses auf unterschiedliche Techniken zurückgegriffen werden. Je nach Tradition, in der die Beratung stattfindet, kann das z.B. der leere Stuhl oder das

Psychodrama sein (Gestaltberatung), das zirkuläre Fragen oder die Arbeit mit Skulpturen (Systemische Beratung). In der systemischen und lösungsorientierten Beratung stehen mögliche Lösungen und die Frage, wozu bestimmte Verhaltensweisen dem System dienen, im Mittelpunkt des Beratungsprozesses (vgl. ebd.: 125f). Zu den wichtigsten Eigenschaften der Beratenden, die sich aus der humanistischen Pädagogik und Psychologie entwickelt haben, gehören die Empathie, die unbedingte Akzeptanz für die Klienten und ihre Lebenswelt sowie die Echtheit im Zeigen der eigenen Gefühle (vgl. ebd.: 141).

Beratung und Psychotherapie haben besonders in Bezug auf die Handlungsebene eine große Ähnlichkeit. Die konkreten Interaktionen in Therapie und Beratung stimmen teilweise überein. Der Hauptunterschied zwischen Beratung und Psychotherapie liegt in ihren unterschiedlichen Denkmodellen. Die Psychotherapie ist eng definiert und eingebunden in einen, vom Psychotherapeutengesetz festgelegten, Handlungsrahmen. Dieser besteht aus Diagnostik, Indikationsstellung und Heilkunde. Mit einem Abrechnungsverfahren entlang festgelegter Indikatoren und dem Approbationsverfahren orientiert sie sich an dem medizinischen Modell und einem Arzt-Patient-Verhältnis. Sie kann daher, nach Engel, Nestmann und Sickendiek (2004), als eine auf *„Störungen mit Krankheitswert orientierte Heilbehandlung"* verstanden werden, die institutionell verordnet ist. Die Beratung integriert sich, im Gegensatz dazu, in einen eher offenen und integrativen Hilfediskurs. Sie ist präventiv, entwicklungsorientiert, in die Lebenswelt der Klienten eingebunden und bietet Orientierungs-, Planungs-, Entscheidungs- und Bewältigungshilfe. Dabei ist Beratung geprägt von unterschiedlichen Vorgehensweisen, Feldern und Klientelen (vgl. Engel, Nestmann, Sickendiek 2004: 36f).

3.2 Gestaltberatung

Die Gestaltberatung hat sich aus der Gestalttherapie entwickelt und geht auf Fritz Perls (z.B. 1978, 1981) und Laura Perls (Perls, Doubrawa 2005) zurück. Sie gehört zu den humanistischen Ansätzen. Im Mittelpunkt der Gestalttherapie steht die Eigenverantwortlichkeit und Selbstannahme der Klienten. Die Orientierung am Hier und Jetzt ist zentral für die Beratung. Die Gestalttherapie und die aus ihr entwickelte Gestaltberatung unterscheiden sich lediglich durch ihre Zielgruppe und nicht durch ihre grundlegende Theorie und Vorgehensweise. Die nachfolgende Ausführung bezieht sich demnach sowohl auf die Gestalttherapie als auch auf die Gestaltberatung.

3.2.1 Die Entwicklung der Gestaltberatung

Die Gestaltberatung kann als integrativer Ansatz verstanden werden, der sich aus unterschiedlichen Theorien und Konzepten entwickelt hat. Dazu gehören die Psychoanalyse, die Gestaltpsychologie, die Philosophie des Holismus und Existenzialismus, die humanistische Psychologie sowie östliche Psychologien (vgl. Gremmler-Fuhr 2001: 345). Die Geschichte des Gestaltansatzes ist eng verwoben mit den Lebensgeschichten von Fritz und Laura Perls, die gemeinsam eine psychoanalytische Ausbildung absolviert haben. Die Kenntnisse über die Psychoanalyse ermöglichten ihnen, diese in Frage zu stellen und ihren eigenen Kenntnissen gegenüberzustellen. In einem Zeitraum von ca. 25 Jahren entwickelten sie Form und Inhalt des Gestaltansatzes, der jedoch nicht als eine abgeschlossene Theorie verstanden werden sollte. Die Besonderheit und Stärke liegt gerade in seiner Nicht-Abgeschlossenheit sowie der stetigen Weiterentwicklung und Transformation (vgl. Krauß 1983: 40f). Fritz Perls (1978, 1981) verstand die Gestalttherapie als eine Methode der Persönlichkeitsintegration und er betonte: *„Integration ist nie abgeschlossen."* (Perls 1981: 308). Sein Ziel war eine *„integrierte Theorie zu schaffen, die alle physischen und psychischen Erscheinungen umfaßt."* (Perls 1978: 10).

Hauptgrund für die Abwendung Fritz Perls von der analytischen Psychologie war seine Annahme, dass es veraltet sei, mit Verhalten zu arbeiten, das sich nicht auf das Hier und Jetzt bezieht (vgl. Krauß 1983: 43). Folgende drei Hauptkritikpunkte an der Psychoanalyse führten zu einer Weiterentwicklung der Gestalttherapie.

1) Die Behandlung von psychologischen Fakten wurde ersetzt durch ein ganzheitliches, organisches Konzept (Körper-Geist-Dichotomie).
2) Die Anwendung einer linearen Assoziationspsychologie wurde ersetzt durch die Feldtheorie der Gestaltpsychologie.
3) Das lineare Ursache-Wirkungs-Modell wurde ersetzt durch die Anwendung des Differentiellen Denkens, auf Grundlage der Theorie Friedländers[12] (vgl. Krauß 1983: 43).

Nach der Trennung von Fritz und Laura Perls entwickelten sich zwei Stränge der Gestalttherapie heraus. Laura Perls zog an die Ostküste der USA und praktizierte den eher weichen und integrativen Ostküstenstil. Fritz Perls verfolgte an der Westküste den eher harten, konfrontativen Westküstenstil.

[12] Weiterführende Literatur zu Salomon Friedländer in seinem Hauptwerk: Schöpferische Indifferenz 1981, München: Ernst Reinhard Verlag.

3.2.2 Gestalt

Der Begriff Gestalt bezeichnet eine *„dynamische Einheit"*, beziehungsweise eine *„sich kreativ wandelnde Form"* und betont die prozesshafte und dynamische Qualität von Erfahrung (Gremmler-Fuhr 2001: 346).

Gestalt bezieht sich zum einen auf die erkenntnistheoretische Sichtweise, nach der die Menschen ihre Wirklichkeit aktiv konstruieren und inszenieren und in der Ganzheiten als Gestalten wahrgenommen und erlebt werden. Die Trennung von Subjekt und Objekt, Erleben und Handeln kann nicht als gegeben vorausgesetzt werden, sondern erschafft sich immer wieder selbst. Zum anderen bezieht der Begriff Gestalt sich auf die evolutionstheoretische und anthropologische Sichtweise, nach der sich lebendige Ganzheiten selbst entfalten und regulieren sowie neue Gestalten und Ganzheiten bilden. Das Gestaltverständnis geht damit über ein lineares Ursache-Wirkungs-Denken sowie über die grundsätzliche Trennung von Subjekt und Objekt hinaus. Gestalten werden immer in Wechselbeziehung des wahrnehmenden Organismus zu seiner Umwelt geschaffen (vgl. ebd.: 348f). Gestalten haben folgende zentrale Merkmale:

1) *Transponierbarkeit von Gestalten:*
   Gestalten können ohne den Verlust ihres grundlegenden Sinngehaltes transponiert werden. Beispielsweise von verbaler Sprache in mathematische oder musikalische, in körperlichen Ausdruck oder kreative Gestaltung.
2) *Einbettung in umfassendere Gestalten:*
   Jede Gestalt ist als Ganzheit Teil einer umfassenderen Ganzheit.
3) *Wechselseitiger Bezug der Komponenten einer Gestalt:*
   Die einzelnen Komponenten einer Gestalt sind bei näherer Betrachtung aufeinander bezogen und voneinander abhängig. Sobald eine Komponente fehlt, verändert sich die gesamte Gestalt.
4) *Dynamik von Gestalten:*
   Die Ordnung von Gestalten ist grundsätzlich dynamisch, auch wenn sie vordergründig bewegungslos erscheinen. Die Veränderung einer Komponente oder die Veränderung der Beziehung zweier Komponenten verändert die gesamte Ordnung der Gestalt.
5) *Tendenz zur geschlossenen Gestalt und zur Transformation:*
   Gestalten haben sowohl die Tendenz sich zu schließen als auch sich in komplexere Gestalten zu transformieren. Sie streben außerdem in eine bestimmte Richtung. Sie streben danach, eine „gute" Gestalt zu werden. Die Tendenz zum Abschließen bzw. zur Transformation in komplexere Gestalten ist gleichzeitig ein universelles, evolutionäres Prinzip. (vgl. Gremmler-Fuhr 2001: 349f).

Wie diese Gestalten gebildet und umfassendere Gestalten in überschaubare aufgelöst werden, wird durch das Figur-Hintergrund-Modell (Gestaltbildung) verdeutlicht.

3.2.3 Figur-Hintergrund-Modell

Das Figur-Hintergrund-Modell dient in der Gestaltberatung der Beschreibung von Erfahrungsprozessen. Die Figur beschreibt das, was in das Zentrum menschlicher Aufmerksamkeit tritt, aufgrund der Bedeutung, die ihm gegeben wird. Während der Hintergrund undifferenziert bleibt, jedoch zur Figur werden kann. Die Differenzierung von Figur und Hintergrund ist in ständiger Bewegung und Veränderung. Die Gestalt bildet sich aus dem wahrgenommenen Unterschied zwischen Figur und Hintergrund. Zusammen bilden Figur und Hintergrund die Gestalt (vgl. ebd.: 352f). Im Prozess der Figurbildung entsteht ein Unterschied zwischen Organismus und Umwelt. Der Organismus erfährt sich durch die Abgrenzung zur Umwelt. Perls betont, dass diese Abgrenzungen subjektive Erfahrungen und keine objektiven Gegebenheiten sind (vgl. ebd.: 355).

3.2.4 Kontaktmodell

Für das Verständnis der Interaktion zwischen Organismus und Umwelt haben die Begründer des Gestaltansatzes ein Kontaktmodell entwickelt, welches aus aufeinander folgenden Phasen besteht.

Darstellung 2: Kontaktmodell

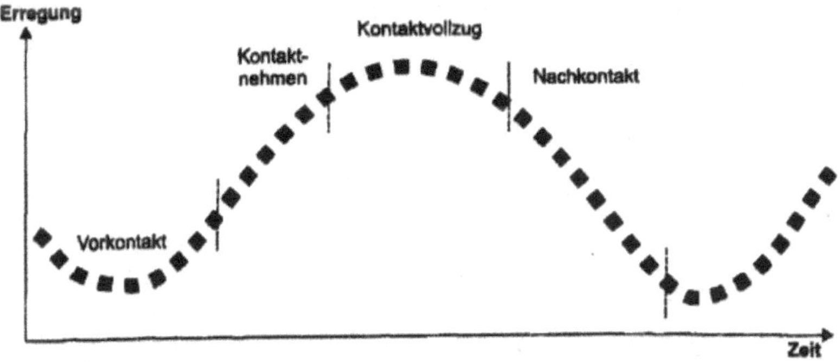

Quelle: Gremmler-Fuhr 2001: 362

Nach Perls, Hefferlein und Goodman (1979) vollzieht sich der Kontaktprozess in vier Schritten. In der ersten Phase, dem *Vorkontakt* (1), entstehen Bedürfnisse, die sich von ihrer Umwelt abheben und so zur Figur vor dem Hintergrund anderer Wahrnehmungen werden. Die Bedürfnisse können sowohl körperliche Grundbedürfnisse (z.B. Hunger und Durst) als auch Empfindungen (z.B. Schmerz) und Emotionen (z.B. Sehnsucht, Verlangen) umfassen. Während die Erregung noch ungerichtet ist, beginnt der Körper sich als getrennt von der Umwelt wahrzunehmen. In der Phase des *Kontaktnehmens* (2) tritt zunächst ein (oder mehrere) Objekt(e) hervor, welche die entstandenen Bedürfnisse befriedigen könnten und ein erster Kontakt mit dem Objekt findet statt. Nun wählt der Organismus eine der Möglichkeiten aus, in der Absicht sein Bedürfnis zu befriedigen. Dieses wird zur Figur vor dem Hintergrund. Hindernisse auf dem Weg zu dem Objekt, werden, wenn notwendig, aggressiv angegangen. In der dritten Phase, *dem Kontaktvollzug* (3), ist das Bewusstsein des Organismus komplett von der Figur vereinnahmt und es findet ein voller Kontakt zwischen Umwelt und Organismus statt. Kontaktgrenzen werden durchlässig und verschwinden. In der abschließenden Phase des *Nachkontaktes* (4), klingt die Erregung langsam ab, während Befriedigung einkehrt. Organismus und Figur trennen sich und das Erlebte wird verarbeitet und in das Selbst integriert (vgl. ebd.: 361f).

Das ursprüngliche Kontaktmodell nach Perls und Goodman wurde durch die *Cleveland School*[13] zu einem sieben-phasigen *„Gestaltzyklus des Erlebens"* erweitert und differenziert. In diesem Modell wird das Verständnis von Kontakt auf andere Erlebensbereiche erweitert und in den Kontext sozialer Interaktion gestellt (vgl. ebd.: 361).

Bleibt eine Gestalt offen, weil der Kontaktzyklus nicht abgeschlossen werden konnte, entsteht eine Kontaktstörung, welche psychische Energie staut. Psychisches Leid wird im Gestaltansatz als Auswirkung von Unterbrechungen, Blockaden oder Vermeidungen in dem oben beschriebenen Kontaktzyklus verstanden (vgl. Eberwein 2009: 128). Zu den klassischen Kontaktunterbrechungen, die auch, wertfreier, Kontaktfunktionen genannt werden, gehören *die Konfluenz, die Introjektion, die Projektion und die Retroflektion.*

Konfluenz bezeichnet das Verschmelzen des Organismus mit seiner Umwelt, was sich in einem Gefühl von Sich-eins-fühlen, Mitempfinden oder Mitdenken ausdrücken kann. Nach Perls war dieses Verschmelzen ein Zeichen der Kontaktlosigkeit. Die *Introjektion* bezieht sich auf die Übernahme von äußeren Elementen in den Organismus, ohne eine Prüfung oder Verarbeitung. Dazu zählen beispielsweise die Übernahme von gesellschaftlichen Konventionen, Regeln und Werten. Bei der *Projektion* werden dem Organismus zugehörige Elemente nach außen verlagert

---

13 Das Gestalt Institute of Cleveland (GIC) wurde 1957 von einigen der ersten Schüler von Fritz und Laura Perls gegründet und ist heute das größte Institut für Gestalttherapie in Amerika.

und in die Umwelt projiziert. Phantasien und Vorstellungen von der Umwelt werden zunächst für real gehalten. Können diese nicht durch Erfahrungen verifiziert werden, gleichzeitig aber auch nicht losgelassen werden, können die Projektionen zu persönlichem Leiden führen. Die *Retroflektion* bezeichnet die Zurückhaltung von beabsichtigten Impulsen und Aktivitäten, die auf die Umwelt gerichtet werden und die Zurückwendung dieser Impulse und Aktivitäten auf den eigenen Organismus. Das kann sich sowohl durch „Grübeln" oder „sich Sorgen machen" ausdrücken als auch durch eine Selbstschädigung (vgl. Gremmler-Fuhr 2001: 367ff).

Dieser Gestaltprozess wird in der Beratung durchgespielt und im Idealfall vollendet. Dabei ist der Gestaltprozess immer orientiert am Hier und Jetzt. Der gegenwärtige Ort und der jetzige Moment werden in der Gestaltberatung als der Ort angesehen, in dem Veränderung geschieht. Der Gestaltansatz geht davon aus, dass sich beim einzelnen Menschen das jeweils wichtigste Bedürfnis in den Vordergrund des Bewusstseins drängt. Nur unverarbeitetes seelisches Material produziert Unstimmigkeiten, die sich an der Oberfläche des Hier und Jetzt zeigen (Hartmann-Kottek 2013: 27).

3.2.5 Awareness

Awareness (engl.: Bewusstheit, Gewahrsein) bildet seit Beginn ein Grundmodell des Gestaltansatzes. Die Bewusstheit bezeichnet, im Gegensatz zum Bewusstsein, eine aktive Haltung der Aufmerksamkeit. Mit dem Erkennen der Bedeutung von Bewusstheit für den therapeutischen und beraterischen Prozess nimmt der Gestaltansatz hier eine Vorreiterrolle ein. Bereits in dem grundlegenden Werk von Fritz Perls [14] (1978) kommt der Bewusstheit, hier noch unter dem Begriff Konzentration, eine grundlegende Bedeutung zu. Bereits hier werden Übungen dargestellt, welche die Bewusstheit fördern und damit den beraterischen Prozess unterstützen (vgl. ebd.: 24). Mit der Einführung des Begriffes *awareness* wollte Perls (1978, 1981) das Leibliche und Sinnliche in die Psychotherapie einführen. Unter Bewusstheit wird die Wahrnehmung aller sinnlichen und körperlichen Wahrnehmungen, Gefühle, Vorstellungen und Gedanken verstanden. Bewusstheit impliziert darüber hinaus die Fähigkeit, seine Wahrnehmung aktiv zu gestalten (vgl. Gremmler-Fuhr 2001: 380).

---

14 Perls, F. (1978): Das Ich, der Hunger und die Aggression. Stuttgart: Cotta`sche Buchhandlung Nachfolger GmbH (Deutsche Erstauflage)

Je nach Weite oder Enge der Aufmerksamkeit lässt sich die Bewusstheit weiter differenzieren: in eine weite oder enge Aufmerksamkeit sowie in den mittleren Modus.

Die enge Aufmerksamkeit

Mit seinen in den 1940er und 50er Jahren entwickelten Konzentrationstechniken bezeichnete Perls die natürliche Fokussierung der Aufmerksamkeit durch *„Anziehung, Interesse, Faszination oder Hingegebensein"* (Perls, Hefferline u. Goodmann 1979: 66). Perls forderte seine Klienten auf ihre (Kontakt-)Störungen zu beobachten und diese zu beschreiben. In dem die Kontaktstörungen nicht bewertet werden, wird die Fähigkeit des Annehmens von allem was ist, entwickelt. Dieser Bewusstheitsmodus hat eine konzentrierende Qualität. In der späteren Gestalttherapeutengeneration sowie in der Cleveland School wurde diese scharfe und unverzerrte Wahrnehmung „Achtsamkeit" genannt (vgl. Hartmann-Kottek 2013: 24). Eine Form der Aufmerksamkeit, die sich auf das Auftauchen von Figuren, das unmittelbar Wahrnehmbare, Empfindungen, Gefühle, Gedanken und äußere Sinneseindrücke richtet (vgl. Gremmler-Fuhr 2001: 381).

Die weite Aufmerksamkeit

Dieser konzentrierten Bewusstheitseinengung steht eine weite Form der Aufmerksamkeit gegenüber. Diese Bewusstheit hat eine ganzheitliche Qualität, die allgegenwärtig präsent und nicht lokal ist (vgl. Hartmann-Kottek 2013: 25). Die heutige Therapeutengeneration bezeichnet sie auch als „Gewahrsein" (vgl. ebd.: 26). Das Gewahrsein bezeichnet das Erkennen und Wahrnehmen von umfassenderen Zusammenhängen. Es erfasst weniger die Einzelheiten, wie bei der fokussierten Aufmerksamkeit, sondern mehr den Zusammenhang von Figur und Hintergrund. Dabei ist diese Form der Aufmerksamkeit zusätzlich mit einer Intentionalität verbunden (vgl. Gremmler-Fuhr 2001: 382).

Der mittlere Modus

Die Bewusstheitsqualität, welche die Qualitäten der engen und der weiten Aufmerksamkeit verbindet, wird als *mittlerer Modus* bezeichnet. In diesem Modus kann die Aufmerksamkeit sowohl auf Einengung als auch auf Weitung gestellt werden und besitzt damit eine hohe Flexibilität (vgl. Hartmann-Kottek 2013: 26). Der mittlere Modus ist ein Zustand inneren Schweigens und ohne jegliche Form innerer Dialoge. Er liegt vor einer differenzierenden Wahrnehmung und ist nach Perls ein Zustand kreativer Spontanität und Schöpfung (vgl. Gremmler-Fuhr 2001: 383). Der mittlere Modus ist richtungsweisend für die Bewusstseinshaltung der Beratenden. *„Der mittlere Modus ist somit eine ganz grundlegende Ein-*

stellung, die dem Respekt vor der Selbstorganisation alles Lebendigen im Wechselspiel von Chaos und Ordnung gemäß ist." (Gremmler-Fuhr 2001: 383).

Voraussetzung für den mittleren Modus ist es zentriert zu sein im eigenen Mittelpunkt und ein Bewusstsein von Achtsamkeit und Gewahrsein zu entwickeln. Auf diese Weise treten die Gegensätze und Widersprüchlichkeiten aller Erscheinungen hervor, die mit Hilfe des mittleren Modus auszuhalten und zu nutzen sind (vgl. Perls 1981: 80).

3.2.6 Haltung und Techniken

Sowohl Laura als auch Fritz Perls haben immer wieder betont, dass es in der Gestalttherapie zunächst auf die richtige Haltung der Therapierenden beziehungsweise Beratenden ankommt und nicht um das Erlernen bestimmter Techniken.

„Ich akzeptiere niemanden als kompetenten Gestalttherapeuten, solange er noch Techniken benutzt. Wenn er seinen eigenen Stil nicht gefunden hat, wenn er sich selbst nicht ins Spiel bringen kann und den Modus (oder die Technik), die die Situation verlangt, nicht der Eingebung des Augenblicks folgend erfindet, ist er kein Gestalttherapeut." (Perls 1985: 170)

Dennoch gibt es im Gestaltansatz ein Repertoire an Techniken, die häufig verwendet werden und als „typisch" gelten. Dazu gehören beispielsweise der leere Stuhl, die dramatische Darstellung und die Körperarbeit (vgl. Wagner, Hinz 2009: 147).

Zu der viel wichtigeren Grundhaltung im Gestaltansatz gehören Präsenz und Zugewandheit in der Begegnung mit den Klienten, Authentizität in der eigenen Offen- und Verschlossenheit, inneres Erleben und Demut in der Arbeit. Da im Gestaltansatz die Wahrheit nur in der Wahrnehmung zu finden ist, müssen die Beratenden als wahrnehmende Personen in der Beratung anwesend, also präsent, sein. Eine aufmerksame und präsente Haltung zeichnet die Gestaltberatenden aus, die aus den Anforderungen des besonderen Menschen und der besonderen Situation die angemessenen Interventionen schöpfen (vgl. Doubrawa 2004: 115f).

3.3 Introvision

Die Introvision (wörtl.: Hineinschauen) ist eine Methode zur Konfliktauflösung, die im Rahmen umfangreicher Forschungsprojekte der Universität Hamburg unter der Leitung von Angelika C. Wagner (z.B. 2007, 2008) entwickelt wurde. Durch die Auflösung subjektiver Imperative mit Hilfe der Konstatierenden Aufmerksamen Wahrnehmung (KAW) wird das Ziel erreicht, die innere Gelassenheit und Handlungsfähigkeit wiederzuerlangen. Subjektive Imperative können Ziele, Absichten oder Erwartungen sein, die mit dem subjektiven Gefühl von „so muss es sein" bzw. „das darf nicht geschehen" verbunden sind (vgl. Wagner, Iwers-Stelljes 2005: 20f). Die Auflösung dieses inneren Konfliktes ist mit Hilfe des KAW möglich, das heißt ein bewusstes Beobachten ohne Einzugreifen. (vgl. ebd.: 20). Nachfolgend werden die grundlegenden Theorien der Introvision, die Theorie der subjektiven Imperative und die Theorie der mentalen Introferenz, in ihren Grundzügen dargestellt. Ebenso wird der grundsätzliche Ablauf einer Introvisionsberatung skizziert.

3.3.1 Die Theorie der subjektiven Imperative

Die Theorie subjektiver Imperative hat sich im Rahmen umfangreicher Forschungsprojekte der Universität Hamburg entwickelt (vgl. Wagner 2007, 2008). Ausgehend war dabei die Frage, warum es so schwierig ist, gedankliche Kreisprozesse zu beenden. Gedankliche Kreisprozesse sind an physiologische und psychologische Erregung gekoppelt und können damit Ursache von Stress und Konflikten sein (vgl. Iwers-Stelljes 2008: 37f). Als ursächlich für die Entstehung von Konflikten ist nach Wagner (2007) der Prozess des Sich-Imperierens, in dem das Bewusstsein sich selbst befiehlt, dass etwas, das bereits Teil seiner selbst ist, „nicht sein darf".

Im Sinne der Theorie subjektiver Imperative kreisen die Gedanken, im Zustand eines akuten persönlichen Konfliktes, um die Verletzung eines subjektiven Imperatives. Subjektive Imperative bezeichnen sogenannte Sollvorstellungen, die mit einem Gefühl von „muss" bzw. „darf nicht" gekoppelt sind. Dieses Muss-Darf-Nicht Gefühl ist subjektiv und unabhängig davon, ob es rational begründet ist oder nicht. Ausschlaggebend ist das persönliche Gefühl, dass etwas nicht sein darf, ein bestimmtes Ziel nicht erreicht oder eine Erwartung nicht erfüllt wird. Die Sollvorstellungen können sich sowohl auf die eigene Person beziehen als auch auf andere Menschen und die Umwelt (vgl. Wagner, Iwers-Stelljes 2005: 20f). Diese imperativen Vorstellungen, Ziele, Absichten und Erwartungen sind mit einer entsprechenden Subkognition verbunden. Das bedeutet mit der Erkenntnis, dass es sein kann (oder so ist), dass etwas, was nicht geschehen darf, geschieht. Die den Gedanken zugrundeliegenden Kognitionen, führen zu einem Gefühl erhöhter Dringlichkeit, physiologischer und psychologischer Erregung und Anspannung sowie eingeengter Wahrnehmung (Tunnelblick) (vgl. Wagner 2007: 9).

Bei einem Imperativverletzungskonflikt (IVK) kreisen die Gedanken um die wahrgenommene Nichteinhaltung imperativischer Vorstellungen. Es lassen sich vier Grundformen des Konfliktes unterscheiden: Bei einem *Realitätskonflikt* kreisen die Gedanken um etwas, das nicht geschehen darf. Die Wirklichkeit zeigt sich nicht so wie sie sein müsste. Bei einem *Imperativkonflikt* kreisen die Gedanken um zwei sich widersprechende Imperative, die nicht gleichzeitig eingehalten werden können (z.B. Entscheidungsdilemma). Der *Undurchführbarkeitskonflikt* bezieht sich auf ein imperativisches Ziel, für dessen Erreichung notwendige Informationen oder Handlungsressourcen fehlen. Bei einem *Konflikt-Konflikt* handelt es sich um einen Konflikt zweiter Ordnung, bei dem das Individuum einen Konflikt mit sich selbst hat (vgl. Wagner, Iwers-Stelljes 2005: 21f).

Die subjektiven Imperative bilden meistens eine Kette, an deren Ende sich ein Kernimperativ befindet. Die Vorstellungen, die sich unter dem Kernimperativ befinden, werden subjektiv als sehr schlimm empfunden (vgl. ebd.: 21).

Um sich in einer akuten Situation eines Imperativverletzungskonfliktes subjektiv zu erleichtern, greifen Menschen zu unterschiedlichen *Konfliktumgehungsstrategien* (KUS). Es konnten 15 verschiedene Konfliktumgehungsstrategien von Wagner (2007) analysiert werden. Dazu gehören unter anderem Ignorieren, Bagatellisieren und Aufbauschen sowie emotionsbezogene Umgehungsstrategien (z.B. sich selbst beruhigen), kognitive Umgehungsstrategien (z.B. Theoretisieren, sich Illusionen machen oder eine andere Realität wünschen), imperativbezogene Umgehungsstrategien (Hierarchisieren, neue Imperative bilden), handlungsbezogene Umgehungsstrategien (z.B. Resignieren) und erwartungsbezogene Umgehungsstrategien (negative Erwartungen hegen, Katastrophalisieren oder positive Erwartungen hegen und sich Mut machen). Diese Strategien führen jedoch nicht zur tatsächlichen Beendigung des Konfliktes, da die zugrundeliegenden subjektiven Imperative erhalten bleiben (vgl. Iwers-Stelljes 2008: 51ff).

3.3.2 Die Theorie mentaler Introferenz

Die Theorie mentaler Introferenz ist Grundlage der Introvision und geht von der Annahme aus, dass innere Unruhe das Ergebnis des introferenten Eingreifens in kognitive Prozesse ist. Ein Konfliktzustand, also die Koppelung einer Kognition mit Erregung und Anspannung, wird durch wiederholtes Eingreifen aufrechterhalten. Bestimmte Kognitionen werden dabei z.B. überschrieben, ausgeblendet oder verzerrt. Das introferente Eingreifen kann primär, sekundär und automatisiert ablaufen.

Bei dem *primären introferenten Eingreifen* wird eine nicht abgesicherte Kognition so behandelt, als ob sie wahr wäre. Bei einer primär introferenten Handlung wird also zunächst geraten und dann so getan, als ob der geratene Weg der richtige sei. Beispiele für introferente Kognitionen sind Meinungen, Glaubensannahmen und willkürliche Sollvorstellungen, die infolge von Automatisierungen nach einiger Zeit zu unbewussten Handlungsgewohnheiten werden können. Wird in vorhandene introferente Kognitionen ein zweites Mal introferent eingegriffen, findet ein *sekundäres Eingreifen* statt, mit dem Ziel, den Auswirkungen des primären introferenten Eingreifens entgegenzuwirken. Das introferente Eingreifen kann sowohl bewusst als auch unbewusst und automatisiert ablaufen (vgl. Wagner 2008: 136ff). Ziel der Introvision ist es, dieses automatisierte Eingreifen durch eine Entkopplung der Kognition von der Anspannung zu löschen. Um dieses Ziel zu erreichen, wird die Methode des Konstatierend Aufmerksamen Wahrnehmens (KAW) genutzt (vgl. Wagner, Iwers-Stelljes 2005: 20f).

3.3.3 Das Konstatierend Aufmerksame Wahrnehmen (KAW)

Während des Konstatierend Aufmerksamen Wahrnehmens (KAW) wird eine Kognition im Bewusstsein konstatierend wahrgenommen. Das bedeutet die Kognition wird mit einer weitgestellten Aufmerksamkeit betrachtet, ohne andere Kognitionen aktiv auszublenden. Kognitionen können beispielsweise Wahrnehmungen, Bilder, Gefühle, Sätze oder körperliche Empfindungen sein. Werden diese mit einer weitgestellten Aufmerksamkeit betrachtet, so wird alles in einer Sinnesmodalität Wahrgenommene in der Aufmerksamkeit gehalten (vgl. ebd.: 21).

Das Konstatierend Aufmerksame Wahrnehmen (KAW) ist nach Wagner (2007, 2008) eine spezielle Form der Aufmerksamkeit, die durch die folgenden sechs Merkmale gekennzeichnet ist: Die Aufmerksamkeit fokussiert sich auf eine Kognition und ist dabei

- konstatierend: „so ist es" (nämlich diese Kognition), nicht introferent eingreifend,
- mit konstantem Fokus: nicht abschweifend,
- weitgestellt: nicht enggestellt,
- wahrnehmend: wirklich hinschauen/hinhören/hineinspüren, statt zu repetieren,
- andere Kognitionen am Rande des Bewusstseins nicht aktiv ausblendend
- und ohne aktiv-bewusst introferent nach einer Problemlösung suchend (vgl. Wagner 2007: 135).

Die Einübung des Konstatierend Aufmerksamen Wahrnehmens (KAW) ist Bestandteil jeder Introvisionsberatung und führt nach regelmäßigem Üben nicht nur zu mentaler Entspannung, sondern auch zur Versunkenheit, einem Gefühl von „sich mit der Welt eins fühlen" und Flow-Erlebnissen (vgl. Wagner, Iwers-Stelljes 2005: 22).

3.3.4 Ablauf einer Introvisionsberatung

Ziel der Introvisionsberatung ist es, innere Konflikte und Blockaden mit Hilfe des Konstatierend Aufmerksamen Wahrnehmens (KAW) aufzulösen. Hierfür muss in der Beratung zunächst der Kernimperativ eines Konfliktes herauskristallisiert werden. Dazu verfolgen die Beratenden im Gespräch mit den Klienten die Imperativkette und bemühen sich Konfliktumgehungsstrategien aufzudecken. Ist der Kernimperativ gefunden, wird diese Kognition mit Hilfe des Konstatierend Aufmerksamen Wahrnehmens (KAW) von der damit verbundenen inneren Erregung und Anspannung entkoppelt. Die Kognition wird sowohl im Rahmen der Beratung als auch im Alltag selbstständig von den Klienten wiederholt konstatiert (vgl. ebd.).

Für den Ablauf einer Introvisionsberatung haben sich einige grundlegende Schritte herauskristallisiert. In der *Initialphase* (1) wird der Beratungsprozess nicht direktiv eröffnet, die Beratenden sind hier aufgefordert, eine Atmosphäre der Akzeptanz, Kongruenz und Empathie zu erschaffen und die Klienten zu ermutigen, ihre Konflikte offen darzulegen. In der zentralen Phase der Introvision, der *Einsichtsphase* (2), werden die im Konflikt sichtbar werdenden, subjektiven Imperative analysiert. Anschließend werden die mit dem Imperativverletzungskonflikt verbundenen Kognitionen konstatierend aufmerksam wahrgenommen. Die Beratenden müssen eventuell auftretenden Konfliktumgehungsstrategien entgegenwirken. Diese Phase der Introvision muss möglicherweise wiederholt werden, bis es zur vollständigen Auflösung des subjektiven Imperativs gekommen ist. In der *Entscheidungsphase* (3) kann, sollten die imperativischen Kognitionen nach ihrer Auflösung von den Klienten noch erinnert werden, die neu gewonnene Wahrnehmung und Handlungskompetenz reflektiert werden. In der abschließenden *Integrationsphase* (4) werden die in der Introvisionsberatung gemachten Erfahrungen reflektiert und in den Alltag der Klienten integriert (vgl. Iwers-Stelljes 2008: 69 ff).

3.4 Systemische Beratung

Die Systemische Beratung ist ein relativ junger Ansatz, dessen Anwendung sich in den letzten Jahren stark vermehrt hat. Hinter dem systemischen Ansatz liegt eine ganzheitliche Sichtweise auf menschliche Probleme. Der Mensch als Teil eines Systems zeigt nur kontextabhängige Verhaltensweisen, so die These des systemischen Ansatzes. Es gibt im systemischen Denken keine Ursache für Verhalten, sondern nur Systeme, die Verhalten erschaffen und aufrechterhalten. Eine Theorie der intrapsychischen Entstehung von Störungen, wie sie in vielen anderen Ansätzen vorliegt, fehlt. Der Mensch ist immer Teil eines oder mehrerer Systeme. Dabei werden ihm keine Eigenschaften zugeschrieben, sondern nur Verhaltensweisen, die sich mit den Verhaltensweisen der anderen Systemmitglieder bedingen (vgl. Wagner, Hinz 2009: 145f).

Systemische Beratung bezieht sich auf alle menschlichen Systeme und Organisationen: u.a. Arbeitsgruppen, Schulklassen, Betriebe, soziale oder pädagogische Einrichtungen und Familien. In den 1960er Jahren entwickelte sich der systemische Ansatz in Deutschland zunächst aus der psychoanalytischen Familientherapie und der Grundidee, Probleme eines Familienmitgliedes nicht isoliert, sondern im Gefüge der gesamten Familie zu betrachten. Einer der ersten Vertreter des systemischen Ansatzes in Deutschland war der Psychoanalytiker Horst Richter (vgl. Boeger 2009: 100).

3.4.1 Theoretischer Hintergrund der Systemischen Beratung

Die Systemische Beratung lässt sich nicht auf einen einzelnen Begründer und ein einheitliches Theoriegebilde zurückführen. Sie ist aus unterschiedlichen Strömungen in unterschiedlichen Wissenschaftsbereichen entstanden. Die wesentlichen Einflüsse dieser Beratungsform stammen aus der Systemtheorie, der Kybernetik, der Kommunikationstheorie und dem Konstruktivismus. Im Mittelpunkt dieser Theorien stehen formale Organisationsprozesse sowie die Frage nach der Entstehung, dem Erhalt und der Veränderung von Strukturen. Gemeinsam ist den Ansätzen außerdem der Blick auf die Wechselwirkungen, Interaktionen und Kommunikation zwischen Menschen. Deshalb werden in der Systemischen Beratung alle Mitglieder des sozialen Systems eines Klienten einbezogen. Auch die humanistische Psychologie hat Einfluss auf die frühe Entstehungsphase der Systemischen Beratung genommen. Daher berufen sich systemisch Beratende häufig auf Konzepte wie das Psychodrama oder die Gestalttherapie (vgl. Migge 2007: 342f).

Im Folgenden werden die Grundzüge, der für den systemischen Beratungsansatz relevanten Theorien, dargestellt.

3.4.2 Konstruktivismus

Die Kernaussage des Konstruktivismus ist, dass eine objektive Betrachtung der Welt, erkenntnistheoretisch gesehen, nicht möglich ist, da Menschen aufgrund der Beschaffenheit ihrer Sinnessysteme nur Ausschnitte aus der Welt wahrnehmen können. Menschen sind nicht in der Lage die Welt so abzubilden „wie sie ist". Sie konstruieren sie nach ihrer Erfahrung und verleihen ihr Bedeutung. Auch die Zuschreibung von Eigenschaften entspricht einer Konstruktion von Wirklichkeit (vgl. Brunner 2004: 658).

Im Sinne des Konstruktivismus haben Menschen keine statischen Eigenschaften, sondern Verhaltensweisen, die sie in Abhängigkeit ihrer jeweiligen Umwelt zeigen. Krankheitssymptome oder problematisch definiertes Verhalten sind daher keine persönlichen Eigenschaften eines Menschen, sondern Ausdruck bestimmter Beziehungsmuster. Aus dem konstruktivistischen Ansatz sind zahlreiche therapeutische und beraterische Techniken entstanden. Diese versuchen die Wirklichkeitskonstruktion der Klienten zu beeinflussen und den Beratenden die Möglichkeit zu geben das Weltbild eines Systems aufzurütteln und zu verändern. Zu diesen Techniken gehören beispielsweise das zirkuläre Fragen, Umdeutungen und paradoxe Aufforderungen. Im systemischen Denken gibt es keine Ursache für Verhalten, sondern nur Systeme, die Verhalten erschaffen und aufrechterhalten. Kommt das System aus dem Gleichgewicht, fungiert meist eine Person des Systems als Symptomträger und wird krank oder auffällig im Verhalten (vgl. Boeger 2009: 103f).

Mahoney (1995) nennt fünf Basisthemen des Konstruktivismus, die den theoretischen Hintergrund für die Systemische Beratung bilden.

- Menschliche Erfahrungen entstehen in dauernden und aktiven Handlungsprozessen.
- Menschen versuchen ihre Welt zu ordnen, indem sie Erfahrungsmuster schaffen und ihnen individuell Bedeutung verleihen.
- Menschliche Systeme organisieren sich dynamisch und einzigartig. Die Organisation persönlicher Aktivität ist dabei rekursiv, also auf sich selbst bezogen.
- Mehrere Personen bilden ein lebendiges Netz von Beziehungen, das durch Sprache und Symbole gekennzeichnet ist. Selbstorganisationsfähigkeiten und Bedeutungen geschehen also in einem sozialsymbolischen Prozess.
- Jedes menschliche Leben ist von dynamischen und dialektischen Entwicklungen gekennzeichnet. Durch die Spannung zwischen Organisationserhaltung und Desorganisation kommt es zu Veränderungen, Mustern und Kreisläufen von Erfahrungen (vgl. Nußbeck 2006: 67).

3.4.3 Systemtheorie

Menschen leben, im Sinne der Systemtheorie, in dynamischen Netzwerken und in ständiger Kommunikation miteinander. Diese sozialen Gefüge können als Systeme verstanden werden, also als Gefüge von Elementen, die aufeinander bezogen sind und sich von der Außenwelt abgrenzen. Die Menschen konstruieren ihre soziale Welt aus den Beziehungen innerhalb des Systems, definieren so ihre Zusammengehörigkeit und erschaffen damit ein „Innen" und ein „Außen". Der Begriff „systematisch" ist aus dem Griechischen abgeleitet und bedeutet: „das aus mehreren Teilen zusammengesetzte Ganze" (vgl. ebd.: 66).

Die Beziehungen innerhalb eines Systems unterscheiden sich von den Beziehungen zu anderen Elementen. Sie sind quantitativ intensiver und qualitativ produktiver. Diese Unterscheidung erschafft die Systemgrenze gegenüber der Umwelt. In der Systemischen Beratung geht es um lebende Systeme, die sich durch ständige Bewegung und das Zusammenspiel ihrer einzelnen Elemente in einem Gleichgewicht halten. Die Systeme zeichnen sich durch ihre Selbstorganisation aus. Sie sind außerdem sehr komplex, wodurch sich ihr Verhalten schwer vorhersagen lässt. Denn nicht nur das System als Ganzes, auch seine einzelnen Teile können sich jederzeit verändern. Selbstorganisierende Systeme sind außerdem selbstreferentiell, das bedeutet sie handeln aus sich selbst heraus und nicht aufgrund äußerer Einflüsse. Alle Aufgaben des Systems, wie beispielsweise lenken, gestalten und organisieren, werden von allen Elementen bzw. Mitgliedern wahrgenommen. Ein weiteres Kennzeichen selbstorganisierender Systeme ist ihre Autonomie. Die Systeme erzeugen, regulieren und erhalten sich selbst und bestimmen ihr Denken und Fühlen (vgl. Boeger 2009: 106).

Ein soziales System, wie z.B. eine Familie, ist also nicht nur durch die Anzahl seiner Mitglieder, sondern auch durch die kommunikative Differenz von System und Umwelt gekennzeichnet. Die kleinsten Einheiten eines Systems sind nicht die einzelnen Personen, sondern die kleinsten sprachlichen und nicht-sprachlichen, kommunikativen Einheiten (vgl. Migge 2007: 348).

3.4.4 Kybernetik

Auch die Kybernetik hatte besonders auf die Entwicklung früher, systemischer Beratungskonzepte wesentlichen Einfluss. Der griechische Begriff Kybernetik bedeutet „der leitende Steuerer" und ist der Oberbegriff für wissenschaftliche Programme zur Beschreibung der Regelung und Steuerung komplexer Systeme. Im Mittelpunkt kybernetischer Modelle steht dabei das Gleichgewicht eines Systems. Es wird unterschieden zwischen der Kybernetik erster Ordnung und der Kybernetik zweiter Ordnung, die eine neue Herangehensweise darstellt. Im Mittelpunkt der Kybernetik erster Ordnung steht die Beobachtung eines Systems. In der Kybernetik zweiter Ordnung wird davon ausgegangen, dass die Beratenden das System nicht nur beobachten können, sondern, dass sie durch ihre Anwesenheit bereits Veränderungen hervorrufen. In der Kybernetik zweiter Ordnung wird erforscht, wie eine bestimmte Sichtweise des Systems (bzw. des Problems) Kommunikationsweisen erzeugt und damit die vorherrschende Sichtweise erhält (vgl. ebd.: 349).

Auch eine Familie stellt ein lebendes System dar, das in seiner Dynamik beschrieben und erklärt werden kann. Jedes System ist höchst komplex und kann in unterschiedliche Subsysteme untergliedert werden, die zahlreiche Möglichkeiten haben sich zu verhalten. Jede Person trägt zur Bildung des Systems bei, welches nur durch das Zusammenspiel seiner Mitglieder im Gleichgewicht gehalten werden kann. Jede Veränderung in einem Teil des Systems bringt auch das Gesamtsystem aus dem Gleichgewicht und verändert es. Jedes Mitglied ist allerdings bestrebt das System in seiner Ganzheit zu erhalten. Im systemischen Ansatz wird davon ausgegangen, dass auch Krankheitssymptome eines Mitglieds systemerhaltend wirken, indem sie das gestörte System zunächst aus dem Gleichgewicht bringen und damit eine Veränderung und anschließend ein neues Gleichgewicht erzeugen. Das Symptom eines einzelnen Mitglieds ist also Ausdruck eines gestörten Systems und nicht eines gestörten Individuums. Daher wird in der Systemischen Beratung von Symptomträgern gesprochen und der Blick der Beratenden liegt nicht auf einer einzelnen Person, sondern auf dem Gesamtsystem (vgl. Boeger 2009: 107).

Ein kybernetisches System kann alleine durch die Beobachtung von Beratenden von außen und durch geeignete Interventionen zerstört und in ein neues Gleichgewicht gebracht werden. Die Beratenden können allerdings weder belehrend noch bestimmend auf das System einwirken. Sie können „nur“ indirekt Strukturveränderungen auslösen (vgl. Nußbeck 2006: 71).

3.4.5 Kommunikationstheorie

Zu den bekanntesten und bedeutendsten Kommunikationstheorien gehören die Modelle menschlicher Kommunikation von Watzlawick et al. (1990) und von Schulz von Thun (1981). Kommunikation beschreibt zum einen den wechselseitigen Austausch zwischen Menschen auf sprachlicher und auf nicht sprachlicher Ebene oder den Austausch in Schrift und Bild. Zum anderen umfasst Kommunikation auch das Übermitteln aller Signale und Daten, die für die Beteiligten einen festgelegten Bedeutungsinhalt haben (vgl. Boeger 2009: 107).

Kommunikation (lat.: mitteilen, sich austauschen) bezeichnet den Prozess der Informationsübertragung zwischen Adressaten und ist ein wesentlicher Bestandteil sozialer Prozesse. Zu beachten ist, dass bei menschlicher Kommunikation neben der Übertragung von Informationen auch emotionale Inhalte übertragen werden (vgl. Stimmer 2000: 394f). Auch soziale Systeme entstehen in Kommunikation und werden durch verbale und nonverbale Sprache koordiniert. So entsteht eine symbolisch vermittelte Realität, außerhalb derer das System nicht existieren kann (vgl. Nußbeck 2006: 72).

Der Österreicher Paul Watzlawick (1990) gilt als Begründer der Kommunikationstheorie. Seine Kommunikationsmodelle wurden von nachfolgenden Forschern übernommen und erweitert (u.a. von Schulz von Thun, 1981). Watzlawick (1990) ist der Meinung, dass ein Mensch sich nicht nicht verhalten kann. Aus dieser These lassen sich die fünf Axiome seiner Kommunikationstheorie ableiten:

1) *Man kann nicht nicht kommunizieren.*
   Jedes Verhalten einer Person beeinflusst, auch ohne Beeinflussungsabsicht, das Verhalten einer anderen Person. Jedes Verhalten in einer zwischenmenschlichen Situation (auch Schweigen oder Ignorieren des Gegenübers) ist Kommunikation.
2) *Jede Kommunikation weist einen Inhalts- und einen Beziehungsaspekt auf. Der Beziehungsaspekt bestimmt den Inhaltsaspekt.*
   Neben dem sachlichen Inhalt der Sprache, transportiert sie auch Aussagen über die Beziehung der Kommunikationspartner. Auf der Inhaltsebene werden lediglich Informationen vermittelt, während auf der Beziehungsebene auch Gefühle wie z.B. Neid, Missgunst, Bewunderung oder Abwertung vermittelt werden. Wenn der Inhalts- und der Beziehungsaspekt nicht übereinstimmen und sich die Inhalte in den Ebenen verschieben, ergeben sich Kommunikationsprobleme.
3) *Kommunikation ist digital oder analog.*
   Die Übermittlung von Sachinformationen verläuft digital und wird über die Sprache vermittelt. Der Beziehungsaspekt hingegen teilt sich analog und nicht verbal mit, z.B. in Form von Tränen. Analoge Mitteilungen sind oft mehrdeutig und müssen richtig übersetzt werden.
4) *Menschliche Interaktion lässt sich in symmetrische und komplementäre Interaktion einteilen.*
   Symmetrische Interaktionen beruhen auf Gleichheit (z.B. löst das Prahlen des Einen das Prahlen des Anderen aus). Komplementäre Interaktionen beruhen auf Ungleichheit (das Dominanzverhalten des Einen löst Unterwürfigkeit des Anderen hervor).
5) *Alles Verhalten ist zirkulär.*
   Interaktionen sind zirkulär und haben weder Anfang noch Ende, daher kann jedes Verhalten sowohl Ursache als auch Wirkung sein. Jedes Verhalten bedingt sich wechselseitig und kann Reiz, Reaktion und Verstärker in einem sein. Diese Annahme ist eine Alternative zu dem linearen Ursache-Wirkungs-Denken und eine wichtige Grundlage für die Systemische Beratung (vgl. Boeger 2009: 108f).

Ziel in der Systemischen Beratung ist es, Kommunikationsstrukturen in Systemen aufzudecken und mit den Beteiligten die unterschiedlichen Bedeutungsinhalte zu besprechen. Dadurch wird ein Anstoß für eine Veränderung der Dynamik des Systems gegeben. Um dem „angestoßenen" System Zeit zu geben sich neu und anders zu organisieren, sind in der Systemischen Beratung die Zeitabstände zwischen den einzelnen

Beratungen sehr groß und viele Beratende definieren jedes Gespräch als „Erstgespräch“ (vgl. Nußbeck 2006: 73f).

3.4.6 Systemische Interventionen

Systemische Beratung ist sowohl in Bezug auf ihre Handlungsfelder als auch in Bezug auf ihre Interventionsverfahren vielfältig. Im Folgenden werden einige der wichtigsten Verfahren vorgestellt. Dazu gehören unterschiedliche Fragetechniken, wie zirkuläres Fragen, Hypothesenbildung, ressourcenorientiertes Fragen und Aktionsmethoden, wie die Erstellung von Genogrammen und das Familienaufstellen. Alle Techniken basieren auf den Grundannahmen systemischer Ansätze, zu denen die Ablehnung des Ursache-Wirkungsdenkens gehört. Die Annahme, dass es keine Verhaltensweisen, sondern nur Eigenschaften gibt, die sich gegenseitig bedingen, hat weit reichende Auswirkungen auf alle beraterischen Prozesse.

Ein wesentliches Merkmal Systemischer Beratung ist ihre Kürze, die sich daraus ergibt, dass keine Persönlichkeitsveränderungen, sondern die Zufuhr neuer Informationen in das System erreicht werden sollen. Der Veränderungsprozess wird von den Beratenden angestoßen und läuft dann im Idealfall weiter. Dahinter steht der Glaube an die Selbstheilungskräfte des Systems und an die Ressourcen und Kompetenzen der einzelnen Mitglieder. Systemische Beratung richtet sich nicht an eine Person, sondern bezieht das soziale Umfeld der Klienten (z.B. die Familie) in den Beratungsprozess ein. Die erkrankte oder verhaltensauffällige Person ist nur „Symptomträger“ und ihre Erkrankung ist keine Persönlichkeitseigenschaft, die unveränderbar ist, vielmehr ist es ein selbst gewähltes Verhalten, das eine Funktion im System hat. Alle Verhaltensweisen der Systemmitglieder bedingen sich gegenseitig, es gibt also keine Opfer- und Täterrollen, wodurch es in der Familie zu einer Entlastung von Schuldzuweisungen kommen kann. Durch die im Folgenden vorgestellten Fragetechniken und Interventionsstrategien kommt es zu einer Verflüssigung der Eigenschaften, welche die Familienstruktur aufweichen und sie dadurch dynamisch und veränderbar macht.

Zirkuläres Fragen

Das zirkuläre Fragen basiert auf der Annahme, dass jede Handlung Folge vorhergehender Prozesse und gleichzeitig Ursache für weitere Aktionen ist und jede Setzung eines Anfangspunktes willkürlich wäre. Zirkuläre Fragen untersuchen die Wechselwirkungen innerhalb eines Systems, vor allem zwischen dem Problem bzw. Symptom und dem Kontext. Die Mitglieder eines Systems lernen gegenseitig ihre Sichtweisen und Gefühle kennen und erhalten die Rückmeldung eines Dritten. Weiterhin werden die unterschiedlichen Beziehungen der Systemmitglieder, Ereignisse in der Vergangenheit und in der Gegenwart und unterschiedliche Reaktionen auf Ereignisse untersucht. Die Sichtweisen der Systemmitglieder sollen durch zirkuläres Fragen verstört und verflüssigt werden (vgl. Schwing, Fryszer 2007: 209f).

Zu den häufig verwendeten Fragearten im Rahmen Systemischer Beratung gehören *gedankenlesende Fragen* (z.B. „Was denkst du löst es bei deinem Vater aus, deine Mutter weinen zu sehen?"), *Vergleichsfragen* (z.B. „Wann waren die Kooperationsprobleme im Team besonders heftig und wann weniger?"), *Hypothesenbildende Fragen* (z.B. „Stellen Sie sich vor, es ist ein Jahr vergangen. Was ist anders als jetzt?") und *Klassifikations- und Skalierungsfragen* (z.B. „Wer versteht sich am besten mit Mutter, wer kommt dann und wer dann?"). Die Fragetechniken in der Systemischen Beratung dienen nur vordergründig der Informationserhaltung. Sie wirken darüber hinaus zur Verflüssigung von Eigenschaften, zur Eingabe neuer Informationen in das System, zur Individualisierung der Familienmitglieder, zur Aktivierung von Ressourcen und zur Abschaffung des Opfer-Täter-Denkens (vgl. Boeger 2009: 125f).

Aktionsmethoden

Die Einbeziehung des sozialen Netzwerkes der Klienten nimmt eine wesentliche Rolle in der Systemischen Beratung ein. Häufig angewandte Verfahren zur Erschließung der Systemstrukturen sind das Genogramm, das Soziale Atom sowie die Aufstellung von Familienskulpturen. Das Genogramm ist eine graphische Darstellung der Familienstrukturen und kann auch als Familienstammbaum bezeichnet werden. Es wird aus der Sicht eines Systemmitgliedes gezeichnet und enthält alle wichtigen Daten über Familienmitglieder aus drei Generationen. Dazu gehören neben dem Geburtsdatum und Beruf z.B. Eheschließungen, Scheidungen, Geburten, Todesfälle, schwere Krankheiten und andere bedeutende Lebensveränderungen. Das Genogramm ermöglicht den Beratenden Einblicke in mögliches Problemverhalten, das bereits über Generationen hinweg besteht oder in Traumata, die nie thematisiert worden sind. Das Genogramm ermöglicht eine Mehrgenerationenperspektive für alle Systemmitglieder (vgl. ebd.: 136).

Das soziale Atom ist, ähnlich wie das Genogramm, eine graphische Darstellung von Beziehungen. Jedoch liegt der Fokus dieses graphischen Ausdrucksmittels auf den momentanen Beziehungsstrukturen. Die Klienten werden aufgefordert, auf einem leeren Blatt Papier ein einfaches Symbol für sich selbst zu zeichnen, z.B. einen Kreis, ein Dreieck etc.. Anschließend werden Personen aus dem sozialen Umfeld der Klienten sowie Hobbys hinzugefügt und deren Bedeutung durch unterschiedliche Entfernungen und Linien dargestellt. Das soziale Atom dient den Beratenden als Diagnosemittel und Grundlage für die weiterführende Beratung (vgl. Migge 2007: 372f).

In der Arbeit mit Skulpturen werden die Sichtweisen der Systemmitglieder nicht mit Worten beschrieben, sondern körperlich-räumlich dargestellt. Eine Person stellt ihr Beziehungsleben symbolisch im Raum dar, wodurch ein ganzheitlicher Zugang zu dem komplexen System Familie, auf unterschiedlichen Ebenen, ermöglicht wird. Durch Unterschiede in Nähe und Distanz, in der Blickrichtung und in der Körperhaltung können die Beziehungen der Familie dargestellt werden. Unter Umständen kann auch eine Über- oder Unterordnung, z.B. durch die Positionierung einer Person auf einem Stuhl oder ein „sich hinknien" dargestellt werden. Die symbolische Repräsentation der Familie geschieht ohne die Verwendung von Sprache, wodurch die Technik unabhängig von der jeweiligen Altersstufe, sprachlicher Barrieren und unabhängig von der Problematik einsetzbar ist. Die Aufstellung dient als Basis für eine darauf folgende Besprechung ihrer Beziehungen untereinander (vgl. Schlippe, Schweitzer 2003: 164f).

4. Achtsamkeit in der Beratung

Nachfolgend werden die Themenbereiche Beratung und Achtsamkeit zusammengeführt, indem die achtsame Haltung der Beratenden in der Beratung sowie weitere achtsame Komponenten innerhalb von Beratungsprozessen erläutert werden.

4.1 Die achtsame Haltung in der Beratung

Es gibt zwei Formen der Integration von Achtsamkeit in die Psychotherapie und die Beratung. Dazu gehören zum einen das Vermitteln von Achtsamkeitspraktiken in den Beratungsprozess sowie die Anwendung im Alltag der Klienten, zum anderen die achtsame Haltung der Beratenden (vgl. Weiss, Harrer 2010: 18). Segal, Williams und Teasdale (2008) meinen, dass die Anwendung von Achtsamkeit eine grundsätzliche Haltungsänderung der Beratenden erfordert und eine persönliche Praxis der Achtsamkeit bedarf. Wenn sich die Wirkung von Achtsamkeit entfalten soll, müssen die Beratenden sie vorleben können. Die Beziehung zwischen Beratenden und ihren Klienten ist dann geprägt von einer liebevollen und präsenten Qualität (vgl. ebd.: 22). Grepmair und Nickel (2007) zeigen in ihrer Studie, dass sich das Üben der Achtsamkeit auf Seiten der Therapierenden günstig auf die Therapieergebnisse auswirkt.

Achtsamkeit im Beratungsprozess ist gekoppelt an Akzeptanz, eine bewusste, nicht wertende Wahrnehmung und den Verzicht auf Bewertungen. Durch die präsente Gegenwart der Beratenden können die Klienten erfahren, in der Tiefe angenommen und respektiert zu sein, mit all ihren Schutz- und Abwehrmechanismen. Da sie sich in Begegnungen mit achtsamen Beratenden nicht bedroht oder angegriffen fühlen, können sie sich leichter öffnen. Sowohl gegenüber den Beratenden als auch gegenüber den eigenen unbewussten Schutz- und Abwehrmechanismen. Laut Patricia Wurll (2011) hängt die Achtsamkeit auch mit dem Grundsatz der Gewaltlosigkeit zusammen. Dieser Grundsatz beinhaltet den Respekt und die Achtung gegenüber den kreativen Leistungen, die die Klienten vollbracht haben, um mit den äußeren Bedingungen bestmöglich umzugehen (vgl. Wurll 2011: 116f).

Auch Kabat-Zinn (2009) betont, dass die Voraussetzung für die Lehre von Achtsamkeitspraktiken, die eigene regelmäßige Praxis ist. Es erfordert nach Kabat-Zinn viel persönlichen Einsatz bei den formellen Übungen, um die eigene Aufmerksamkeit stabil zu halten und, besonders bei starken emotionalen Turbulenzen, unter die Oberfläche der Gedanken und Empfindungen zu blicken und dort das Bewusstsein zu erkennen, aus dem diese emporsteigen (vgl. Kabat-Zinn 2009: 123).

Doch trotz der Erfahrungen in der Praxis von Achtsamkeit, nehmen die Beratenden keine Expertenrolle ein. Beratende und Klienten begegnen sich beide als Übende, was eine Ebene der Verbundenheit eröffnet, welche eine hierarchisch geprägte Beratende-Klienten-Beziehung übersteigt. In der Beziehung entsteht ein Raum, in dem Heilung und Wachstum ohne Zweck und Ziel entstehen können (vgl. Anderssen-Reuster 2011: 2).

Fehlen den Beratenden die persönlichen Erfahrungen mit der Praxis der Achtsamkeit und ihren Schwierigkeiten, dann fehlt, nach Kabat-Zinn (2009), auch das nötige Vertrauen, um diese zu lehren und noch viel wichtiger, die Erfahrung diese zu verkörpern. Die Vermittlung der Achtsamkeit, die einen tiefen Einblick in den eigenen Geist, den Körper und die Natur des Daseins gibt, sollte auf eigenen, lebendigen Erfahrungen beruhen. Ohne diese Erfahrungen, aber mit reinem theoretischem und konzepthaftem Wissen, besteht die Gefahr, dass die transformative Essenz der Achtsamkeit verloren geht. Zudem besteht die Gefahr, sich in den oberflächlichen Ähnlichkeiten zwischen Achtsamkeitsübungen und Entspannungsverfahren, kognitiv-verhaltenstherapeutischen Übungen und Aufgaben zur Selbstbeobachtung zu verfangen (vgl. Kabat-Zinn 2009: 125).

Bien (2010) sieht den Hauptnutzen von Achtsamkeit in der Förderung einer Präsenz bei den Beratenden und weniger in der Technik, die den Klienten vermittelt wird. Achtsamkeit, verstanden als Qualität einer nicht-wertenden, offenen, akzeptierenden Bewusstheit im Hier und Jetzt, bedeutet für die Beratenden, sich in eine akzeptierende Haltung gegenüber Gedanken, Gefühlen und Empfindungen zu begeben. Er beschreibt Achtsamkeit weiter als Fähigkeit, echte Präsenz und tiefes Zuhören herzustellen. Gegenüber den Klienten ist eine achtsame Einstellung warm, akzeptierend, gütig und mitfühlend ohne dabei besitzergreifend zu sein und ohne Bedingungen aufzustellen, welche die Klienten erfüllen müssen, um diese Aufmerksamkeit zu verdienen (vgl. Bien 2010: 67f).

In der Beratung und zwischen den Sitzungen empfiehlt Bien (2010) immer wieder zum bewussten Atem zurückzukehren. Hierbei gilt es, sich darüber bewusst zu werden, wie die Sitzung auf den Körper und das Bewusstsein wirkt, bzw. gewirkt hat, um sie anschließend loslassen zu können. Er betont außerdem die Wichtigkeit, immer wieder zu einem gewissen Gleichmut zurückzufinden und nicht zu angestrengt zu versuchen eine Hilfe zu sein. In der Anerkennung der Realität und dem Wissen, dass den Klienten keine Entscheidung abgenommen werden kann, liegt die größere Hilfe. Genau wie darin, sich zu erinnern, *„[...] dass die Weisheit [...] in diesem Menschen letztendlich den Weg finden wird, auf dem es vorangeht."* (Bien 2010: 83).

4.2 Komponenten achtsamer Beratung

Mit dem Ziel Achtsamkeit auf menschliche Beziehungen auszuweiten wurden die nachfolgenden Leitlinien unter dem Titel „Einsichts-Dialog" festgelegt. In Kooperation mit dem Center for Mindfulness wird der Einsichts-Dialog seit einiger Zeit auch als Bestandteil innerhalb der „Mindfulness Based Stress Reduction" (MBSR) eingesetzt. Diese Leitlinien, die ursprünglich für die Beziehung zwischen Therapierenden und Klienten entwickelt wurden, lassen sich auch auf die Beziehung zwischen Beratenden und Klienten übertragen (vgl. Kramer, Meleo-Meyer, Turner 2010: 286).

Leitlinien des Einsichts-Dialoges:

> *„Innehalten*
>
> *Zeitweilige Pausen, Heraustreten aus Reaktionen und Identifikationen, Achtsamkeit.*
>
> *Entspannen*
>
> *Körperliche Ruhe, Annehmen, Stille Versenkung, Konzentration, Güte.*
>
> *Öffnen*
>
> *Ausweitung der Achtsamkeit von innen nach außen, weiter Raum, Gegenseitigkeit der Praxis.*
>
> *Dem Entstehen vertrauen*
>
> *Ohne festen Plan, Flexibilität, Vergänglichkeit von Gedanken und Gefühlen registrieren, Geist des „Nicht-Wissens".*
>
> *Tief zuhören*
>
> *Achtsamkeit, während man mit anderen umgeht, Empfänglichkeit, Lauschen auf Bedeutungen, Emotionen und energetische Präsenz.*
>
> *Die Wahrheit sagen*
>
> *Achtsames Sprechen, Klarheit von Bedeutungen, Authentizität von Emotionen, nicht identifizierte Präsenz, Urteilsvermögen, was man in einem Universum der Möglichkeiten sagt." (Kramer, Meleo-Meyer, Turner 2010: 281)*

Kurze Momente des *Innehaltens* in der Beratung oder zwischen zwei Beratungssitzungen fördern die Achtsamkeit für den jetzigen Moment. Indem die Beratenden einen Schritt zurück in die Beobachterrolle treten und einen Perspektivwechsel einnehmen, können sie sich von spontanen Reaktionen und Identifikationen lösen. Indem zwischen allem Gehörten, Gesehenen und Gedachten ein Raum gelassen wird, gewinnen Beratende und Klienten innere Kraft und Stabilität, um ruhige Entscheidungen zu treffen (vgl. Kramer, Meleo-Meyer, Turner 2010: 282). *„Die Pause des Innehaltens ermöglicht es dem Therapeuten, seine oder ihre Selbst-Identifikation mit der Rolle des „Bescheid-Wissenden" zu erkennen, des kompetenten Helfers, der Antworten haben und liefern muss."* (Kramer, Meleo-Meyer, Turner 2010: 288).

Besonders nach oder zwischen den Beratungen sollten sich die Beratenden *entspannen*. Dazu gehört Zeit für sich nehmen, die eigene Arbeit nicht bewerten und Abstand zum Berateralltag nehmen können. Besonders bedeutend ist hierbei, eigene Gedanken als solche erkennen zu können und in der Lage zu sein, diese zu beruhigen (vgl. Kramer, Meleo-Meyer, Turner 2010: 282).

Nachdem die Beratenden sich selber in einen achtsamen Bewusstseinszustand versetzt haben, *öffnet* sich diese Bewusstheit über den eigenen Geist und Körper hinaus auf den der Klienten aus. Die Beratenden sind herausgefordert ihre *„[...] meditative Bewusstheit vom Persönlichen in das Zwischenmenschliche auszuweiten"* (Kramer; Meleo-Meyer; Turner 2010: 289).

Die Beratenden sind herausgefordert mit Aufmerksamkeit und ohne konkrete Ziele *dem Entstehenden zu vertrauen*. Gelingt es den Beratenden, sich von einem festgelegten Plan und dem Wunsch, etwas erreichen zu müssen, zu lösen und auch ein Schweigen in der Beratung zuzulassen, so kann sich im Beratungsprozess das entwickeln, was für diesen Moment relevant ist. *„Dem Entstehenden zu vertrauen, befreit den Therapeuten von einem festgelegten Plan, davon, etwas erreichen zu müssen."* (ebd.: 288).

Den Klienten *tief zuhören* bedeutet ihre volle Präsenz und Aufmerksamkeit den Klienten zu schenken, ohne gedanklich bei etwas anderem zu sein. Die *Wahrheit sagen* beginnt mit dem Aussprechen der einfachen Wahrheit des subjektiven Erlebens und fordert die Beratenden auf authentisch zu sein (vgl. Kramer; Meleo-Meyer; Turner 2010: 288).

Kabat-Zinn betont eine weitere Komponente einer von Achtsamkeit geprägten Grundhaltung, die der liebevollen Güte, welche entsteht, wenn der jetzige Moment mit allen seinen Inhalten umfassend akzeptiert wird (vgl. Kabat-Zinn 2009: 108).

5. Achtsamkeit und Pädagogik

Achtsamkeitskonzepte finden auch in pädagogischen Kontexten zunehmend Beachtung. Heinrich Dauber[15] (2010, 2011), der seine Wurzeln in der humanistischen Psychologie und Pädagogik hat, hat die erkenntnistheoretischen Grundlagen des Buddhismus nicht nur mit den Einsichten der Psychologie, sondern auch mit denen der Pädagogik verbunden. Er begreift Achtsamkeit weder als moralische Kategorie noch als Strategie zur Lebensbewältigung, sondern als eine äußere und innere Haltung *„[...] mich mit allen Sinnen und voller Bewusstheit auf das einzulassen, was uns innerlich und äußerlich begegnet, ohne mich in den bewertenden Mustern zu verfangen, die aus meiner Biographie stammen und von dem sozialen und kulturellen Milieu geprägt sind, in dem ich aufgewachsen bin."* (Dauber 2010: 1f). Um eine achtsame Haltung einzunehmen, gilt es nach Dauber (2010) zunächst alles wahrzunehmen, was gegenwärtig ist und sich bewusst zu werden, was und wie wahrgenommen wird. (vgl. Dauber 2010: 2). Dauber (2011) unterscheidet weiterhin die folgenden vier Bewusstseinsmodi von Achtsamkeit. Er unterscheidet die Achtsamkeitspraxis als:

1) bewusste Wahrnehmung von äußeren Sinneseindrücken (Sehen, Hören, Riechen, Tasten, Schmecken) (Modus von spüren),
2) bewusste Wahrnehmung von inneren Prozessen (Gefühlen, Gedanken, Assoziationen, Phantasien) (Modus von empfinden),
3) bewusstes Gewahrsein von äußeren Sachverhalten und Kontextbedingungen aus der Position des Beobachters (Modus von analysieren),
4) bewusstes Gewahrsein von inneren Prozessen der Selbstreflexion aus der Position des inneren Zeugen. (Modus von reflektieren) (vgl. Dauber 2011: 6).

15 Weiterführende Literatur zu Heinrich Dauber u.a.: Dauber, H. (2009): Grundlagen humanistischer Pädagogik. Leben lernen für eine humane Zukunft. Bad Heilbrunn: Julius Klinkhardt Verlag.

Darüber hinaus hat die Achtsamkeitspraxis, also die Praxis von Empathie und Mitgefühl im Alltag, eine ethische und eine gesellschaftskritische Dimension, die weit über die Erfolge von Achtsamkeit im Kontext von Konzentration und Entspannung hinausgeht (vgl. Dauber 2011: 11). Nach Dauber benötigt die Pädagogik, ebenso wie die Psychologie, weniger neue Inhalte und Regeln. Vielmehr benötigt sie eine andere Haltung gegenüber der Erfahrung, eine neue „*Bewusstheit des Bewusstseins*" (Dauber 2010: 4).

Dauber formuliert sechs Ziele, die durch die Praxis von Achtsamkeit in pädagogischen Kontexten erreicht werden könnten:

> *„a) die Ermöglichung der Erfahrung von Aufgehobenheit in einem Raum des Vertrauens, der über die Person und ihre begrenzten Handlungsmöglichkeiten hinausgeht,*
>
> *b) die Ermöglichung von Selbsterkundungserfahrungen in den äußeren und inneren Welten,*
>
> *c) die Fähigkeit zur Selbstreflexion der eigenen biografischen und kulturellen Muster, ihrer Verbindungen und ihrer Grenzen,*
>
> *d) die Entwicklung der Fähigkeit fühlender Partizipation […],*
>
> *e) die Förderung einer weitgehend offenen, präsenten Wahrnehmungsbereitschaft für alle inneren und äußeren Prozesse, ohne diese vorschnell zu etikettieren und zu bewerten […],*
>
> *f) […] die Ausbildung der Fähigkeit […], zwischen verschiedenen Bewusstseinszuständen zu pendeln […]" (Dauber 2011: 7).*

Für diese Achtsamkeitserfahrungen müssen laut Dauber (2011) Lernräume geschaffen werden, sowohl in Bereichen von der frühen Kindheit bis zum Jugendalter als auch im Bereich der Ausbildung von Lehrern und Erziehern (vgl. Dauber 2011: 7f).

Bei der Integration von Achtsamkeit in den Schulalltag hat Vera Kaltwasser (2013) ein Konzept entwickelt, wie Jugendliche ihre Selbstwahrnehmung verfeinern können und dadurch Selbstkompetenz gewinnen. Ein weiteres Programm von Vera Kaltwasser (2010) umfasst die Stressbewältigung und die Entwicklung von Präsenz und ein authentisches Auftreten bei Lehrern mit Hilfe von Achtsamkeit. Zum Thema Achtsamkeit mit Kindern und in der Familie lässt sich weiterführende Literatur von dem Pädagogen und Gesundheitsforscher Nils Altner (2006, 2009, 2012) finden.

DIE EMPIRISCHE UNTERSUCHUNG

Im empirischen Teil dieser Arbeit geht es um das Vorhandensein von Achtsamkeitsdimensionen in Beratungsprozessen, welches mit Hilfe qualitativer Verfahren ermittelt wird. Zur Beantwortung der Fragestellung werden problemzentrierte Interviews mit Beraterinnen aus unterschiedlichen Beratungstraditionen durchgeführt und diese qualitativ ausgewertet. Dazu werden zunächst Vorannahmen getroffen sowie die Entwicklung des Erhebungsinstrumentes und die Durchführung der Interviews dargestellt. Des Weiteren wird im folgenden Abschnitt, das für die Beantwortung der Forschungsfrage geeignete Analyseverfahren, die qualitative Inhaltsanalyse nach Mayring (2015), zunächst erläutert und dann angewendet. Die Ergebnisse der Analyse werden dargestellt und in Bezug auf die Fragestellung diskutiert. Im Anschluss daran erfolgt die Formulierung weiterer Forschungsfragen und Hypothesen, die aus den Ergebnissen heraus generiert werden sowie Schlussfolgerungen für die weitere Forschung.

6. Darstellung des methodischen Vorgehens

Nachfolgend werden die Vorannahmen und die Zielsetzung der Untersuchung sowie die ausgewählte Erhebungsmethode und ihre Anwendung auf die Daten dargestellt.

6.1 Forschungsfrage und Vorannahmen

Eine erste Einschätzung über die Ausprägung von Achtsamkeit in der Beratung soll in dieser Arbeit mit der Beantwortung der folgenden Forschungsfragen erreicht werden:

1) *Welche Dimensionen von Achtsamkeit lassen sich in Beratungsprozessen finden, die keine explizite Achtsamkeitsorientierung haben?*
2) *Welche Rückschlüsse können auf die untersuchten Beratungsansätze (Gestaltberatung, Systemische Beratung und Introvisionsberatung) gezogen werden?*

Um den Forschungsgegenstand einzugrenzen werden sowohl auf der Grundlage persönlichen Vorwissens der Autorin als auch auf theoretischer Grundlage Vorannahmen getroffen. Die Offenheit gegenüber unerwarteten Zusammenhängen und neuen Erkenntnissen bleibt jedoch erhalten. Die nachfolgend dargestellten Vorannahmen bilden die Grundlage für die weitere Untersuchung:

1) *Einzelne Dimensionen von Achtsamkeit lassen sich auch in Beratungsprozessen finden, die keine explizite Achtsamkeitsorientierung haben.*
2) *Es gibt Parallelen zwischen Achtsamkeit und der Introvisionsberatung, der Gestaltberatung und der Systemischen Beratung.*

6.2 Zielsetzung der Untersuchung

Das Ziel dieser Untersuchung ist es, herauszufinden, welche der im Theorieteil herausgearbeiteten Dimensionen von Achtsamkeit, sich bei praktizierenden Beraterinnen unterschiedlicher Beratungsrichtungen finden, die sich nicht explizit Achtsamkeitspraktiken bedienen und ob Rückschlüsse auf die jeweiligen Beratungsrichtungen gezogen werden können. Diese Untersuchung ist keine Wirksamkeitsstudie zum Thema Achtsamkeit. Die positive Wirkung von Achtsamkeit, besonders im klinischen Kontext, wurde bereits mehrfach nachgewiesen (siehe 2.4). Weiter verfolgt diese Arbeit das Ziel, zu einem tieferen Verständnis von Achtsamkeit beizutragen und dadurch Hinweise geben zu können, welche Bereiche der Beratung bereits von Achtsamkeit geprägt sind und welche Bereiche möglicherweise nicht.

Da es sich bei der nachfolgenden Untersuchung um ein exploratives Verfahren handelt, werden im Rahmen dieser Untersuchung keine vorab gewonnenen Hypothesen verifiziert oder falsifiziert. Ebenso ist eine Verallgemeinerbarkeit der Ergebnisse nicht das Ziel der Untersuchung. Das Ziel besteht vielmehr darin Hypothesen zu generieren.

6.3 Auswahl des Erhebungsverfahrens

Da es in der Untersuchung um die subjektiven Einstellungen und Erfahrungen von Beraterinnen geht, erscheint ein qualitatives Vorgehen mit Hilfe des problemzentrierten Interviews nach Witzel (1982) als geeignet. Das problemzentrierte Interview, als eine Form des Leitfadeninterviews, bietet durch die offene Gestaltung der Interviewsituation einen besseren Zugang zu den Sichtweisen und Erfahrungen der Befragten, als standardisierte Interviews oder Fragebögen (vgl. Flick 2002: 177). Da für die Untersuchung zum einen Daten wichtig sind, welche die Forschungsfrage bestmöglich beantworten, zum anderen aber eine gewisse Flexibilität bei der Durchführung der Interviews gewahrt werden soll, wurde diese halbstrukturierte Interviewform gewählt.

Das problemzentrierte Interview nach Witzel (1982) zeichnet sich durch seine Orientierung an biographischen Daten in Beziehung zu einer gesellschaftlich relevanten Problemstellung aus (vgl. ebd.: 135). Damit unterscheidet es sich wesentlich von dem Experteninterview, das als Interviewform für die Datenerhebung ebenfalls in Erwägung gezogen wurde. In dem Experteninterview interessiert der Interviewte ausschließlich in seiner Eigenschaft als Experte für sein Handlungsfeld und wird zum Repräsentant einer Gruppe. Bei der Interviewauswertung stehen Analyse und Vergleich der Interviews im Mittelpunkt (vgl. ebd.: 139f). Die Wahl dieser Interviewform wurde nach einigen Überlegungen von der Verfasserin ausgeschlossen, da neben der Grundhaltung der Beraterinnen auch ein besonderes Interesse an den persönlichen Erfahrungen in der Ausgestaltung der Beratungsprozesse besteht. Weiterhin gilt ein besonderes Interesse dem Umgang mit Gedanken und Gefühlen sowohl innerhalb als auch außerhalb der Beratung. Das Interview zielt also nicht ausschließlich auf den beruflichen, sondern auch auf den privaten Kontext der Beraterinnen ab. Um die größtmögliche Offenheit zu wahren und die Interviewpartner nicht zu beeinflussen, sollten die Interviewpartner, im Sinne des problemzentrierten Interviews (vgl. Lamnek 2005: 369), nicht wissen, auf welches theoretische Konzept der Interviewleitfaden aufgebaut ist. Ebenso sollten die Befragten nicht erfahren, auf welche einzelnen Dimensionen von Achtsamkeit die Interviewfragen abzielen. Dadurch fiel das Experteninterview bei der Methodenauswahl raus.

6.4 Das problemzentrierte Interview

Beim problemzentrierten Interview wird ein bestehendes theoretisches Konzept, in diesem Fall das Konzept der Achtsamkeit, durch die Aussagen der Interviewpartner erweitert und angepasst. Durch die Kombination von Induktion und Deduktion bietet diese Interviewform die Möglichkeit, die im Vorhinein gewonnenen theoretischen Konzepte und Vorannahmen mit der sozialen Realität zu konfrontieren und durch die Aussagen der Interviewpartner anzupassen und eventuell zu verbessern. Trotz theoretischen Vorwissens bleibt also die Konzeptgenerierung durch die Befragten erhalten (vgl. ebd.: 364f). Weitere Merkmale des problemzentrierten Interviews sind seine Gegenstandsorientierung und seine Prozessorientierung in Bezug auf den Forschungsverlauf und das Verständnis des Gegenstandes (vgl. Flick 2002: 135).

Das Interview besteht aus einem vorgeschalteten Kurzfragebogen, der neben Alter und Geschlecht auch weitere biographische Daten, wie die Grundausbildung, die beraterischen Qualifikationen und die Dauer der Berufspraxis festhält. Weiterhin besteht das Interview aus dem Leitfaden, bestehend aus Fragen und Erzählanreizen, der Tonbandaufzeichnung und dem Postskriptum. In diesem Interviewprotokoll werden neben Gesprächen, die vor und nach dem Interview stattfinden, auch die Interviewatmosphäre, das Verhalten der Interviewperson (z.B. angespannt, locker, gestresst etc.) und besondere Vorkommnisse während des Interviews festgehalten.

Das Erzählprinzip ist im problemzentrierten Interview zentral. Die Befragten erhalten vom Interviewer einen Erzählstimulus oder eine Eingangsfrage, mit der sie zum Erzählen angeregt und in den Zugzwang der Detaillierung gebracht werden. Die Ausgestaltung der Erzählung liegt also beim Befragten (vgl. Lamnek 2005: 365). Der Leitfaden dient nach Witzel (1982) als Gedächtnisstütze und Orientierungsrahmen. Witzel (1982) nennt drei Möglichkeiten der aktiven Verständnisgenerierung mit denen auf die Erzählsequenzen der Befragten eingegangen werden kann. Während der *Zurückspiegelung (1)* fasst die Interviewerin die Aussagen der Befragten in ihren eigenen Worten zusammen und gibt ihnen so die Möglichkeit, die gemachte Deutung zu bestätigen oder zu korrigieren. *Verständnisfragen (2)* dienen dazu, präzisere Interpretationen zu bekommen, indem widersprüchliche und ausweichende Aussagen thematisiert werden. Mit Hilfe der *Konfrontation (3)* werden die Befragten direkt auf widersprüchliche Aussagen gestoßen. Da sich die Konfrontation negativ auf die Interviewatmosphäre auswirken kann, ist hier Feinfühligkeit gefragt. Am Ende des Interviews können Ad-hoc Fragen gestellt werden, also direkte und spontane Fragen, zu noch nicht angesprochenen Themenbereichen (vgl. ebd.: 366). Das gesamte Interview wird mit Hilfe eines Tonbandgerätes aufgezeichnet, um später transkribiert und ausgewertet zu werden.

6.5 Erstellung des Leitfadens

Zur Erstellung des Interviews wurde die *„SPSS"-Methode* herangezogen, die sich in die vier Arbeitsschritte: *Sammeln, Prüfen, Sortieren und Subsumieren* gliedert. Nachdem im ersten Schritt alle Fragen, die im Zusammenhang mit der Forschungsfrage stehen, unsortiert gesammelt werden (*Sammeln*), erfolgt im zweiten Schritt eine Prüfung der Fragen auf ihre Relevanz, Offenheit und Notwendigkeit *(Prüfen).* Hier werden beispielsweise die Fragen aussortiert, die suggestiv sind oder theoretische Zusammenhänge überprüfen, anstatt sich an den Erfahrungen der Interviewten zu orientieren. In einem dritten Schritt werden alle Fragen nach Inhalten sortiert, so dass zwischen einem und vier Themenblöcke entstehen *(Sortieren).* Im letzten Schritt werden weiter differenzierende Fragen unter die Hauptfragen der Themenblöcke geordnet *(Subsumieren)* (vgl. Helfferich 2011: 182ff).

Der Leitfaden ist aufgeteilt in vier Themenblöcke, angelehnt an den Beratungsalltag der Interviewten. Damit es den Interviewten leichter fällt, sich gedanklich in ihren Beratungsalltag zu versetzen, umfassen die vier Blöcke die *allgemeine Grundhaltung* der Beraterin sowie die Situation *vor der Beratung, in der Beratung* und *nach der Beratung*. Diese Struktur soll den Interviewten in der Interviewsituation schnell ein Gefühl von Sicherheit vermitteln, welches sich positiv auf die Beantwortung der Fragen auswirken kann. Die Hauptfragen der Themenblöcke wurden besonders offen und erzählauffordernd formuliert und durch Aufrechterhaltungs- und Vertiefungsfragen an geeigneter Stelle unterstützt. Die Fragen zielen auf die in Kapitel 2.4 dargestellten Dimensionen von Achtsamkeit ab, was den Interviewten nicht bekannt war. Es wurde bei der Erstellung des Leitfadens außerdem darauf geachtet, eine Sprache zu verwenden, die auch die Beraterinnen verstehen, die noch keine Berührungspunkte mit Achtsamkeitsverfahren hatten. Am Ende des Interviews hatten die Befragten die Möglichkeit Ergänzungen anzuführen. Trotz der wohlüberlegten Strukturierung des Leitfadens, diente dieser nur als Grundgerüst des Interviews, um eine inhaltliche Struktur zu ermöglichen und große inhaltliche Sprünge zu vermeiden.

Die folgende Tabelle zeigt die einzelnen Leitfragen und deren Zielrichtung. Das Leitfadeninterview befindet sich im Anhang dieser Arbeit.

Darstellung 3: Übersicht der Leitfragen

Leitfragen	Hintergrund der Frage (erfragte Dimension von Achtsamkeit)
Haben Sie Grundsätze, mit denen Sie im Idealfall in die Beratung gehen? • Wenn Sie sich eine für Sie positiv verlaufende Beratung vorstellen, wie würden Sie Ihre Haltung gegenüber Ihren Klienten beschreiben? • Wenn Sie sich eine eher negativ verlaufende Beratung vorstellen, wie würden Sie Ihre Haltung gegenüber Ihren Klienten beschreiben?	Diese Fragen dienen als Einstieg in die Thematik und unterstützen die Beraterin sich zunächst gedanklich auf Ihren Arbeitsalltag einzustimmen. Mit diesen drei Fragen sollen zunächst die Beratungsgrundsätze erhoben werden, die den Befragten am wichtigsten erscheinen. Darüber hinaus liefern die Antworten Aufschluss über die grundsätzliche Haltung der Beraterin gegenüber Ihren Klienten.
Bereiten Sie sich auf Ihre Beratungssitzungen vor?	Diese Frage zielt auf die Achtsamkeitsdimension *Orientierung am Hier und Jetzt* ab. Mit dieser Frage sollen erste Hinweise darauf gefunden werden, wie stark die Beratung sich aus dem jetzigen Moment entwickelt. Keine Vorbereitung könnte für eine stärkere Orientierung am Hier und Jetzt sprechen.
Haben Sie Wünsche oder Erwartungen an sich oder an Ihre Klienten?	Es soll herausgefunden werden, wie neutral die Beraterin den Klienten begegnet. Außerdem wird die Akzeptanz gegenüber unerwünschtem Verhalten der Klienten abgefragt.
Gibt es ein bestimmtes Schema, nach dem Sie den Beratungsprozess durchführen? Treffen Sie mit Ihren Klienten vor	Mit dieser Frage sollen Hinweise auf eine *Orientierung der Beraterin am Hier und Jetzt* erfasst werden. Orientiert die Beraterin sich bei der Beratungssit-

oder im Verlauf der Beratung Zielvereinbarungen?	zung an dem jetzigen Moment oder geht sie nach einem festen Schema vor? Eine Beratung, in der keine Ziele festgelegt werden und die Beraterin kein festes Schema verfolgt, könnte für eine starke Ausprägung der Dimension *Orientierung am Hier und Jetzt* stehen.
Fällt es Ihnen gelegentlich schwer die Situation der Klienten zu akzeptieren?	An dieser Stelle wird abgefragt, ob die Beraterin die Klienten, ihre Situation sowie unvorhergesehene Veränderungen im Beratungsprozess akzeptieren kann.
Wie gehen Sie damit um, wenn Sie einmal einen „schlechten Tag" haben und einen Beratungstermin haben?	Durch diese Frage soll *das Bewusstsein der Beraterin über eigene Gedanken und Gefühle* abgefragt werden. Erkennt die Beraterin bestimmte Gedankenschemata?
Wie gehen Sie damit um, wenn bei Ihnen in der Beratung negative Gefühle aufkommen? (Beispielsweise: Wut, Abneigung, Langeweile)	Mit dieser Frage wird die Akzeptanz von eigenen negativen Gedanken und Gefühlen in der Beratung erfasst.
Fällt es Ihnen leicht in der Beratungssituation konzentriert mit Ihrer Aufmerksamkeit beim Klienten zu bleiben? • Kommt es vor, dass Gedanken gelegentlich abschweifen? • Sind Sie manchmal gedanklich bei anderen Dingen, zum Beispiel dabei, was Sie später tun werden oder lieber tun würden?	An dieser Stelle sollen Hinweise auf eine *fokussierte Aufmerksamkeit* erhoben werden. Ist die Beraterin in der Lage ihre Aufmerksamkeit auf den Klienten zu richten, ohne gedanklich mit eigenen Themen beschäftigt zu sein, bzw. gelingt es ihr nach unaufmerksamen Momenten, ihre Gedanken wieder auf den Klienten und die Beratungssituation zu richten?
Spielen in der Beratung Körperempfindungen (sowie Gestik, Mimik und die Stimme) eine Rolle? • Nehmen Sie Ihre eigenen Körperempfindungen in der Beratung wahr (z.B. Herzklopfen, Aufre-	Diese Fragen zielen auf die Körperorientierung in der Beratung ab. Es soll erhoben werden, ob die Beraterin die Körperempfindungen ihrer Klienten wahrnimmt und diese für die Beratung nutzbar macht. Eine Beratung, in der Körperempfindungen eine Rolle

gung)? • Beziehen Sie die Körperempfindungen Ihrer Klienten in den Beratungsprozess mit ein?	spielen, könnte für eine Ausprägung der Dimension *Orientierung am Hier und Jetzt* sprechen, da der Körper ein wichtiger Zugang zu dem jetzigen Moment ist. Darüber hinaus soll erhoben werden, ob die eigenen Körperempfindungen in der Beratung wahrgenommen werden und wie die Beraterin mit ihnen umgeht. Akzeptiert oder verdrängt sie ihre Körperempfindungen? Bezieht sie ihre Körperempfindungen in die Beratung mit ein und macht sie damit nutzbar?
Nehmen Sie während der Beratung Ihre Umgebung wahr (beispielsweise Gerüche oder Geräusche aus dem Raum)?	Die Kontextwahrnehmung, bzw. die *fokussierte Aufmerksamkeit* der Beraterin, soll mit dieser Frage untersucht werden. Nimmt die Beraterin Gerüche, Geräusche oder Ähnliches in ihrer Umgebung während der Beratung wahr und lässt sie sich von diesen ablenken?
Denken Sie nach Abschluss der Beratung und im Feierabend noch über Ihre Klienten und die Beratung nach?	Mit dieser Frage sollen Hinweise sowohl auf *die Bewusstheit der eigenen Gedanken und Gefühle* erhoben werden als auch auf die *Akzeptanz der Situation der Klienten* und deren eigenen Lösungswegen.
Haben Sie Methoden, um im Feierabend besser abschalten zu können?	An dieser Stelle wird der *Umgang der Beraterin mit eigenen Gedanken und Gefühlen* nach Feierabend abgefragt. Verfügt die Beraterin über geeignete Methoden, um mit negativen Gedanken umzugehen und sich nicht von ihren Gedanken „kontrollieren" zu lassen?
Bewerten Sie Ihre Arbeit gelegentlich? Überlegen Sie, was Sie hätten Anderes/Besseres sagen können?	Die *Akzeptanz eigener Handlungen* wird mit dieser Frage erhoben. Ist die Beraterin in der Lage eine bewertungsfreie Reflexion ihrer Arbeit vorzunehmen oder grübelt sie häufig über ihre Arbeit nach und kategorisiert ihr Verhalten? („Das habe ich gut gemacht", „Das habe ich schlecht gemacht")

Wie würden Sie Ihre Gefühle gegenüber Ihren Klienten beschreiben? Würden Sie Ihre Gefühle als Liebe bezeichnen?	Diese Frage zielt auf die Gefühle der Beraterin gegenüber ihren Klienten ab und die Dimension *Liebe und Mitgefühl.* Beschreibt die Beraterin ihre Gefühle als liebend und mitfühlend oder distanziert sie sich von dem Begriff und/oder dem Gefühl Liebe.

6.6 Testinterview

Um den Leitfaden zu optimieren, wurde ein Testinterview durchgeführt. Die Interviewpartnerin für das Testinterview war eine Beraterin aus einem Sozialdienst im Krankenhaus. Bei der ersten Interviewdurchführung hat sich herausgestellt, dass einige Fragen noch überarbeitet werden müssen, bzw. einige Erzählaufforderungen noch differenziertere und vertiefendere Nachfragen benötigen. Aus dem Feedback der Interviewpartnerin ist hervorgegangen, dass es angenehmer wäre im Vorhinein darauf hingewiesen zu werden, dass viele Fragen auf persönliche Empfindungen und Erfahrungen aus dem Arbeitsleben und den Umgang der Beraterin mit z.B. negativen Situationen und Gefühlen abzielen. Die Interviewpartnerin zeigte sich während des Interviews zunächst überrascht über die persönlichen Fragen und brauchte etwas Zeit, um sich zu öffnen. In den darauffolgenden Interviews wurde darauf hingewiesen, dass viele Fragen auf die persönlichen Empfindungen und Erfahrungen der Beraterinnen zielen und diese nur soweit es den Befragten angenehm ist, beantwortet werden sollen. Da bei den Interviews eine angenehme und vertrauensvolle Atmosphäre hergestellt werden konnte, stellte die Offenheit der Interviewten im weiteren Verlauf keine Schwierigkeit mehr da. Auch hat sich schon im Testinterview herausgestellt, wie bedeutend die Gespräche nach Abschalten des Aufnahmegerätes sind und genau im Postskriptum festgehalten werden sollten. Im Testinterview ergab sich nach Abschalten des Aufnahmegerätes, ein lockeres und interessantes Gespräch über Mitgefühl und die Schwierigkeit Mitgefühl für alle Klienten in gleicher Weise zu empfinden. Auch bei der Reflexion und Optimierung waren das Testinterview und seine anschließende Auswertung sehr hilfreich. So konnte die Verfasserin ihren Interview- und Fragestil analysieren, überarbeiten und erkennen, wie wichtig es ist an einigen Stellen Pausen zu lassen und den Interviewten Raum für die Antworten zu geben, an anderen Stellen jedoch konkrete Nachfragen zu stellen.

6.7 Interviewpartner

Bei den fünf Befragten handelt es sich um Frauen im Alter zwischen 35 und 58 Jahren, die sowohl haupt- als auch nebenberuflich selbstständig als Beraterinnen tätig sind. Teilweise sind die Beraterinnen zusätzlich im Angestelltenverhältnis tätig, z.B. beim Jugendamt. Alle Befragten haben eine grundständige akademische Ausbildung (drei Beraterinnen in Erziehungswissenschaften, eine Beraterin in Sozialwissenschaften und eine Beraterin in Medizin) und sich durch zertifizierte und anerkannte beraterische Zusatzausbildungen weiterqualifiziert. Zwei Beraterinnen haben, neben einer Weiterbildung als Kommunikationspsychologin nach Schulz von Thun, eine Weiterbildung als Introvisionsberaterin an der Universität Hamburg absolviert (im Folgenden abgekürzt als BI1 und BI2). Zwei Beraterinnen haben ein gestaltberaterisches Profil, wobei eine Beraterin ihre Ausbildung beim IGTC[16], und eine Beraterin beim IGF[17] absolviert hat. Zusätzlich ist eine Gestaltberaterin als Heilpraktikerin, Körpertherapeutin und Paartherapeutin qualifiziert und die andere im systemischen Arbeiten mit Familien (im Folgenden abgekürzt als BG1 und BG2). Eine Beraterin hat Weiterbildungen u.a. in der Gesprächs- und Körperpsychotherapie, Familien- und Systemtherapie absolviert und ist Gründerin eines bekannten Weiterbildungsinstituts für Systemische Beratung in Hamburg (im Folgenden abgekürzt als BS1). Alle interviewten Beraterinnen verfügen über Berufserfahrung zwischen zwei und 26 Jahren, wodurch es ihnen möglich ist im Interview auf Erfahrungen zurückzugreifen und sich nicht hauptsächlich auf theoretisch erlernte Konzepte zu beziehen. Besonders Fragen mit Bezug auf das Aufkommen persönlicher Gefühle in der Beratungssituation und zum Umgang mit durch Gedanken ausgelöstem Stress, können erst nach einer gewissen Zeit Berufserfahrung erfahren und adäquat beantwortet werden.

6.8 Durchführung der Interviews

Der Erstkontakt zu den Interviewpartnern wurde per Mail oder Telefon hergestellt, wobei die Kontaktdaten der Beraterinnen aus dem Internet herausgesucht wurden. Alle Befragten waren der Interviewenden bis dahin unbekannt. Die Gespräche fanden im November und Dezember 2012 statt. Die Länge der Interviews variierte zwischen 39 und 55 Minuten, wobei die Interviews im Durchschnitt 48 Minuten dauerten. Die Wahl des Interviewortes wurde den Befragten überlassen. Das hat den Vorteil, dass die Befragten sich an dem ausgewählten Ort wohlfühlen,

---

16 IGTC= International Gestalt Training Community, heute: IGT=Interdisziplinäres Gestalt Training, Wuppertal

17 IGF e.V.= Institut für Gestaltfortbildung, Hamburg

was sich wiederum positiv auf die Beantwortung der Fragen auswirken kann. Vier Interviews wurden in den Beratungsräumen der jeweiligen Beraterinnen durchgeführt und ein Interview in einem gemieteten Raum an der Universität Hamburg. Wo es möglich war, wurde auf eine Sitzordnung geachtet, in der die Stühle über Eck an einem Tisch stehen. So sollte das nach Helfferich (2011) frontale, oft bedrohlich wirkende Gegenübersitzen vermieden werden (vgl. Helfferich 2011: 177).

In der Projektvorstellung zu Beginn des Interviews wurden die Befragten darüber informiert, dass in dem Interview Fragen zu der Grundhaltung von Beraterinnen gestellt werden, die bereits über mehrere Jahre Beratungspraxis verfügen. Außerdem wurde darauf hingewiesen, dass die Interviewende nicht auf der Suche nach „falschen" oder „richtigen" Antworten, bzw. Beraterhaltungen ist, sondern betont, dass es keine falschen Antworten gibt. Für das Klima während der Interviews und für die Qualität der Interviews wurde darauf geachtet, dass sich die Befragten in der Expertenrolle fühlen und nicht das Gefühl bekommen, nach theoretischen Konzepten ausgefragt und danach beurteilt zu werden. Besonders die Fragen nach persönlichen Erfahrungen und Empfindungen erfordern, im Rahmen eines aufgezeichneten Interviews, eine große Offenheit und ein Vertrauen der Befragten. Trotz dieser Herausforderung zeigten sich alle Interviewpartner bereit im Rahmen, der durch die Interviewende hergestellten entspannten Interviewatmosphäre, ausführlich sowohl fachliche als auch private Fragen zu beantworten. Dabei wirkten die Befragten entspannt und sicher in der Interviewsituation. Ein Kurzfragebogen vor Beginn des Interviews erfasste u.a. das Alter, die Ausbildung und die beraterischen Zusatzqualifikationen der Befragten. Zusätzlich wurden die Rahmenbedingungen eines jeden Interviews in einem Postskriptum schriftlich festgehalten, wie z.B. non verbale Äußerungen, Gespräche nach Abschalten des Aufnahmegerätes und die Atmosphäre während des Interviews.

6.9 Datenschutzerklärung

Der Datenschutz ist in der qualitativen Forschung von großer Bedeutung und rechtlich im BDSG[18] (Bundesdatenschutzgesetz) festgelegt. Das BDSG enthält Bestimmungen über die Erhebung, Verarbeitung und Nutzung personenbezogener Daten unter Einsatz von Datenverarbeitungsanlagen. Außerdem wird hier geregelt, welche technischen und

18 Die aktuelle Fassung des (BDSG) Bundesdatenschutzgesetz (ausgefertigt am 20.12.1990, zuletzt geändert am 25.02.2015) ist im Internet einzusehen unter: http://www.gesetze-im-internet.de/bundesrecht/bdsg_1990/gesamt.pdf (06.08.2015)

organisatorischen Maßnahmen zum Schutz personenbezogener Daten zu treffen sind.

In Anlehnung an die ethischen Richtlinien der Forschung und gemäß des BDSG wurden die Interviewten über den Zweck des Interviews aufgeklärt und gebeten eine Einwilligungserklärung zu unterschreiben, mit der sie dem Interview und seiner anonymisierten Auswertung zustimmen. Außerdem erklärten sie sich mit dem Unterschreiben der Einwilligungserklärung bereit, dass einzelne Sätze, die aus dem Zusammenhang genommen werden und damit nicht mit ihrer Person in Verbindung gebracht werden können, als Material für wissenschaftliche Zwecke, Veröffentlichungen und die Weiterentwicklung der Forschung genutzt werden können. Alle Interviewpartner erhielten eine schriftliche Zusicherung des vertraulichen Umgangs mit den Daten, der vollständigen Anonymisierung aller persönlicher Daten und der Löschung aller Tonträger nach Beendigung der Untersuchung.

6.10 Transkriptionsverfahren

Die Transkription der durchgeführten Interviews erfolgt in Anlehnung an die Transkriptionsregeln von Antje Langer (2010). Das Transkribieren ist der erste Schritt bei der Auswertung des Datenmaterials. Langer (2010) betont, dass bei der Verschriftlichung eines Interviews bereits eine Transformation geschieht, da die Abschrift eine bestimmte Sicht auf die Dinge erzeugt. Ebenso werden bestimmte Aspekte hervorgehoben und andere vernachlässigt. Es handelt sich bei den Transkriptionen nach Langer (2010) um *„wissenschaftliche Konstruktionen"* (Langer 2010: 516). *„[...] denn Transkriptionen sind erste Interpretationen, die Dinge sichtbar oder unsichtbar machen können."* (ebd.: 524). Die Genauigkeit der Transkription bestimmt die Richtung der anschließenden Analyse.

Da im Zentrum des Interesses die subjektiven Einstellungen der Beraterinnen stehen, wurde das Material zugunsten einer einfachen Lesbarkeit geglättet und auf ein aufwändiges Notationssystem verzichtet (vgl. Langer 2010: 521). Die Verfasserin hat sich an den Normen der Standardorthographie orientiert, wodurch Auslassungen, Dialekte oder Wortabbrüche nicht niedergeschrieben wurden. Die Lautstärke der Äußerungen, ihre Betonungen oder Pausen gehen, genau wie nonverbale Kommunikation (z.B. Lachen, Stöhnen, Gesten und Blicke), in die Transkripte ein, da sie Aufschluss über die Intention des Gesagten geben können und damit die Genauigkeit der Analyse unterstützen (vgl. ebd.: 518f).

Die Transkription der Interviews wurde in Anlehnung an folgende Regeln erstellt:

Darstellung 4: Transkriptionsregeln

( )	Unverständliche Passage; die Länge der Klammer entspricht in etwa der Dauer
(schwer zu verstehen)	Unsichere Transkription; vermutete Äußerung in der Klammer
(.)	Sehr kurze Pause
(3)	Pause in Sekunden
LAUT	Laut gesprochen
\`leise´	Leise gesprochen
Betont	Betont gesprochen
g e d e h n t	Gedehnt gesprochen
((lacht))	Para- oder nonverbaler Akt, steht vor der entsprechenden Stelle. * markiert das Ende
Da sagt der: „Komm her"	Zitat innerhalb der Rede
[Interviewpartner scheint sehr aufgewühlt]	Anmerkung der Transkribierenden

Quelle: Langer 2010: 523

Zitate innerhalb der Rede wurden in der Transkription nicht mit Anführungszeichen („"), sondern mit einfachen Oberstrichen (´\`) eingerahmt, da so die Lesbarkeit der Zitate verbessert werden konnte. Jedes Transkript enthält im Transkriptkopf das Pseudonym des Interviewten, Datum und Dauer der Aufnahme sowie die Inhalte des Kurzfragebogens (Alter, Grundausbildung, beraterische Zusatzausbildung, Anzahl der Jahre in der beruflichen Praxis und das Anstellungsverhältnis). Zur besseren Bearbeitung wurde jedes Transkript zusätzlich mit fortlaufenden Zeilennummern versehen.

7. Auswertung der Interviews

Im folgenden Kapitel geht es um die methodische Auswertung der Interviews. Die Auswertung der Interviews erfolgt in Anlehnung an die qualitative Inhaltsanalyse nach Mayring (2015). Nach einer Darstellung der Analyse nach Mayring (2015), erfolgt die eigentliche Analyse der Interviews.

7.1 Die qualitative Inhaltsanalyse nach Mayring

Für die Auswertung und Analyse der Interviews wird das Verfahren der Qualitativen Inhaltsanalyse in Anlehnung an Mayring (2015) eingesetzt. Die Technik fokussiert qualitative Aussagen und zeichnet sich durch eine starke Strukturierung im Vorgehen aus, wodurch sie sich von anderen Verfahren (z.B. der hermeneutischen Interpretation) abgrenzt. Ihre besonderen Merkmale sind die Regelgeleitetheit und die Theoriegeleitetheit. Gegenstand der Analyse ist symbolisches Material, welches sich in der Regel in schriftlich niedergeschriebener Kommunikation ausdrückt (z.B. Interviewtranskripte). Die Analyse erfolgt auf Grundlage theoretischer Gegebenheiten und orientiert sich damit an bestehenden Annahmen und einer konkreten Fragestellung (Theoriegeleitetheit). Die Analyse erfolgt außerdem im Rahmen eines systemischen Ablaufmodels und wird dabei von Regeln (auch Gütekriterien) begleitet, die eine intersubjektive Überprüfbarkeit ermöglichen (Regelgeleitetheit) (vgl. Mayring 2015: 50ff). Das Ablaufmodell der Analyse ist dabei kein Standardinstrument, sondern muss an das konkrete Material und die jeweilige Fragestellung angepasst werden. So *„[...] sollen die Verfahren qualitativer Inhaltsanalyse nicht bloße Techniken sein, die beliebig einsetzbar sind. Die Anbindung am konkreten Gegenstand der Analyse ist ein besonders wichtiges Anliegen."* (Mayring 2015: 52).

Ziel der qualitativen Inhaltsanalyse ist es das sprachliche Material schrittweise zu einem System von Kategorien zu verdichten, dabei wird das Material in seiner Komplexität reduziert und strukturiert (vgl. Mayring 2015: 51).

Darstellung 5: Allgemeines inhaltsanalytisches Ablaufmodell

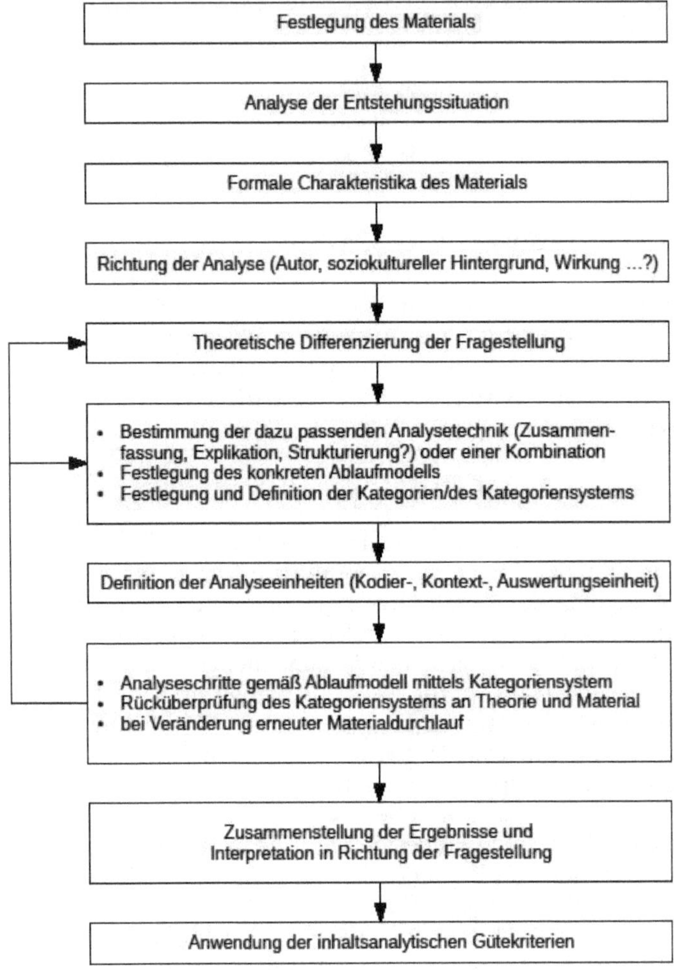

Quelle: Mayring 2015: 62

Ist eine theoretisch differenzierte Fragestellung formuliert, die an die bisherige Forschung angebunden ist, erfolgt die Festlegung des Ablaufmodells und der konkreten Analysetechniken. Hierzu bedarf es der Bestimmung konkreter Analyseeinheiten. Mayring (2015) nennt drei Analyseeinheiten, die eine präzise Inhaltsanalyse ausmachen: die *Kodiereinheit*, die *Kontexteinheit* und die *Auswertungseinheit*. Die *Kodiereinheit* legt genau fest, welches der kleinste Textbestandteil ist, der ausgewertet und von einer Kategorie aufgenommen werden kann. Die *Kontexteinheit* bestimmt den größten Textbestandteil, der von einer Kategorie aufgenommen werden kann. Welche Textteile nacheinander ausgewertet werden, wird über die *Auswertungseinheit* festgelegt. Mit diesen Festlegungen wird das Material schrittweise analysiert. Im Wechselspiel von Theorie (der Fragestellung) und dem konkreten Material werden Kategorien entwickelt, die während der Analyse überarbeitet, rücküberprüft und schließlich zu einem Kategoriensystem verdichtet werden (vgl. Mayring 2015: 61).

Innerhalb der qualitativen Inhaltsanalyse gibt es drei Grundformen des Interpretierens, die je nach Fragestellung einsetzbar sind:

- die Zusammenfassung
- die Explikation
- und die Strukturierung

Bei der *Zusammenfassung* wird das Material so weit reduziert, dass eine Aussage über seine wesentliche Struktur getroffen werden kann. Um spezifische Textteile umfassender zu verstehen, wird im Rahmen der *Explikation* weiteres Material an die fraglichen Textteile herangetragen. Ziel der *Strukturierung* ist es, mit vorher festgelegten Kriterien, Bestandteile herauszuarbeiten, diese zu ordnen und einzuschätzen (vgl. ebd.: 68). Die folgende Abbildung verdeutlicht, wie diese Techniken weiter ausdifferenziert werden können.

Darstellung 6: Ausdifferenzierung der Analyseformen

Zusammenfassung	(1) Zusammenfassung (2) Induktive Kategorienbildung
Explikation	(3) enge Kontextanalyse (4) weite Kontextanalyse
Strukturierung (deduktive Kategorien- anwendung)	(5) formale Strukturierung (6) inhaltliche Strukturierung (7) typisierende Strukturierung (8) skalierende Strukturierung

Quelle: Mayring 2015: 68

Aus der Abbildung lassen sich die einzelnen Analyseformen und ihre Untergruppen herauslesen. Während die Zusammenfassung eindeutig darauf fokussiert ist das Material auf wesentliche Aussagen zu reduzieren, müssen die Explikation und die Strukturierung noch weiter ausdifferenziert werden. Die Explikation kann entweder in einer *engen Kontextanalyse* erfolgen und greift dann bei der Erläuterung einer Textstelle ausschließlich auf den Textkontext zurück oder sie bezieht noch weiteres

Material, über den Textkontext hinaus, zur Erklärung heran, dann handelt es sich um eine *weite Kontextanalyse.* Die Form der Strukturierung kann unterschiedliche Gesichtspunkte in den Mittelpunkt rücken: die innere Struktur des Materials (*formale Strukturierung*), bestimmte inhaltliche Aspekte *(inhaltliche Strukturierung),* die Klassifikation verschiedener Typen *(typisierende Strukturierung*) oder die Einordnung des Materials nach Dimensionen in Skalenform (*skalierende Strukturierung*) (vgl. Mayring 2015: 68). Mayring (2015) betont, dass diese Analysetechniken als eine Annäherung zu verstehen sind und Ausgangspunkt für systematische Erprobung und Weiterentwicklung sein sollten.

Bei der Definition der Kategorien, dem zentralen Schritt der Inhaltsanalyse, ist sowohl ein induktives als auch ein deduktives Vorgehen möglich. Bei einem deduktiven Vorgehen werden die Kategorien aus theoretischen Vorüberlegungen auf das Material hin entwickelt. Im Rahmen der induktiven Kategoriendefinition werden die Kategorien direkt aus dem Material abgeleitet (vgl. ebd.: 85).

Auch bei der weiteren Analyse des Materials können entweder induktive (auf Grundlage einer zusammenfassenden Inhaltsanalyse) oder deduktive (auf Grundlage theoretischer Überlegungen) Hauptkategorien gebildet werden. Ebenso kann das ganze Kategoriensystem im Sinne der Fragestellung interpretiert werden oder es können quantitative Analysen (z.B. Häufigkeiten der Kategorien) vorgenommen werden (vgl. ebd.: 87).

7.2 Gütekriterien

Mit einer Stichprobe von n=5 erhebt diese Untersuchung nicht den Anspruch eine Verallgemeinerung zu erreichen. Nach Helfferich (2011) ist das Kriterium der Repräsentativität, welches gegeben ist, wenn die Zusammensetzung der Stichprobe der Zusammensetzung der Grundgesamtheit entspricht, für qualitative Stichproben kein sinnvolles Kriterium. In der Qualitativen Forschung geht es um das „Besondere" das schon in Einzelfällen erfasst werden kann und eine objektive Gültigkeit über den Einzelfall hinaus hat (vgl. Helfferich 2011: 172f).

Das Satturierungsprinzip, eine Prüfung für die Verallgemeinerbarkeit der Stichprobe, konnte im Rahmen dieser Untersuchung nicht berücksichtigt werden. Eine Stichprobe gilt als satturiert, wenn zusätzlich durchgeführte Interviews keine neuen Erkenntnisse mehr liefern. Es wird also so lange interviewt, bis keine neuen Informationen oder Typen hinzukommen (vgl. ebd.: 174).

In der qualitativen Inhaltsanalyse ist die Einschätzung der Ergebnisse nach Gütekriterien wie Objektivität, Reliabilität und Validität besonders wichtig (vgl. ebd.: 53). Wobei Mayring (2015) betont, dass *„inhaltliche Argumente [...] in der qualitativen Inhaltsanalyse immer Vorrang vor*

Verfahrensargumenten haben; Validität geht vor Reliabilität." (Mayring 2015: 53).

Für die Inhaltsanalyse ist die Transparenz des Forschungsprozesses das bedeutendste Kennzeichen der Güte, da die Untersuchung somit durch andere nachvollziehbar und überprüfbar wird (vgl. Mayring 2015: 51). Die Transparenz dieser Untersuchung wird durch eine genaue Protokollierung und Darstellung des Forschungsprozesses gewährleistet. Es erfolgte eine ständige Überprüfung der einzelnen Textstellen mit der zugeordneten Kategorie und es wurde eine wiederholte Überprüfung des Analyseinstrumentes am Material vollzogen. Zusätzlich fand ein diskursiver Austausch mit anderen Forschern statt, die bereits Untersuchungen mit ähnlichen Analyseinstrumenten gemacht haben.

7.3 Qualitative Inhaltsanalyse der Interviews

Die Analyse der Interviews erfolgt in Anlehnung an die in *Kapitel 7.1* beschriebene Analysetechnik nach Mayring (2015). Gegenstand der Analyse sind fünf mit Beraterinnen durchgeführte Interviews, die als Interviewtranskripte vorliegen. Die Interviews wurden, wie in *Kapitel 6.5* beschrieben, mit Hilfe eines Leitfadeninterviews erhoben, auf Tonband aufgezeichnet und unter Berücksichtigung von Transkriptionsregeln transkribiert. Da die Interviews nur wenige Aussagen enthalten, die über die Forschungsfrage hinausgehen, wurden sie nahezu komplett ausgewertet. Einzelne, für die Forschungsfrage nicht relevante, Textstellen wurden bei der Analyse nicht ausgewertet. Als Kodiereinheit wurde für die vorliegende Untersuchung ein Satz gewählt. Die Kontexteinheit kann sich über mehrere Sätze erstrecken.

Als Analysetechnik wurde für die vorliegende Untersuchung die inhaltliche Strukturierung ausgewählt, da sie inhaltliche Gesichtspunkte der Interviews in den Mittelpunkt rückt und daher am geeignetsten ist, um die Forschungsfrage zu beantworten. *„Ziel inhaltlicher Strukturierung ist es, bestimmte Themen, Inhalte, Aspekte aus dem Material herauszufiltern und zusammenzufassen."* (Mayring 2015: 103). Welche Inhalte aus dem Material herausgefiltert werden, wird durch deduktiv entwickelte Kategorien und Unterkategorien bestimmt. Die einzelnen Textstellen werden in der Extraktion zunächst den Unterkategorien und dann den Hauptkategorien zugeordnet (vgl. Mayring 2015: 103). Die bei Mayring (2015) beschriebene deduktive Kategorienanwendung wird bei der vorliegenden Auswertung durch eine induktive ergänzt.

Darstellung 7: Ablaufmodell strukturierender Inhaltsanalyse

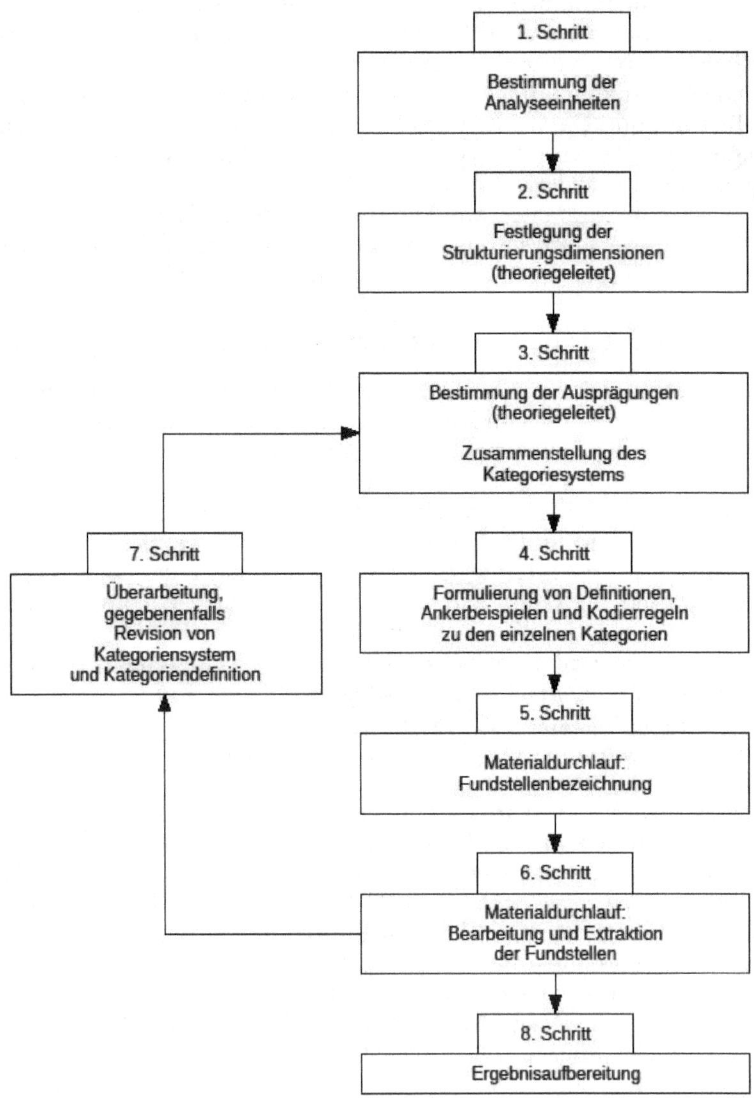

Quelle: Mayring 2015: 98

Zunächst wurde aus der Theorie und aus dem theoretisch entwickelten Leitfaden ein erster Kodierleitfaden erstellt. Die darin enthaltenen, deduktiv entwickelten Kategorien wurden genau definiert. Passende Ankerbeispiele für jede Kategorie erleichtern die genaue Zuordnung der Textstellen zu den jeweiligen Kategorien. Die für jede Kategorie erstellten Kodierregeln ermöglichen eine genaue Abgrenzung der Kategorien untereinander und verfeinern die Zuordnung der Textbestandteile.

Der erste Kodierleitfaden erhält fünf Hauptkategorien und 14 Subkategorien. Die fünf Hauptkategorien wurden in Anlehnung an die herausgearbeiteten Dimensionen von Achtsamkeit entwickelt und durch Subkategorien spezifiziert. Die erste Hauptkategorie *Fokussierte Aufmerksamkeit* erhält die Subkategorien *Bewusst herbeigeführte Aufmerksamkeit und Präsenz* und *Kontextwahrnehmung*. Die zweite Hauptkategorie *Hier und Jetzt* hat die Subkategorien *Prozessorientierte Beratung, dem Entstehen vertrauen* und *Körperempfindung*. Unter die *Kategorie Beobachtung aller Gedanken, Gefühle und Sinneseindrücke* wurden die Subkategorien *Gedanken, Gefühle und Sinneseindrücke werden als solche erkannt* und *Heraustreten aus Reaktionen und Identifikationen* geordnet. Zu der Hauptkategorie *Vollkommene Akzeptanz* gehören die Subkategorien *Akzeptanz eigener Gedanken und Gefühle im Beratungsprozess, Akzeptanz der Situation des Klienten, Keine Erwartungen gegenüber den Klienten, Keine Erwartungen an sich* und *Bewertungsfreie Reflexion der Beraterin*. Die Hauptkategorie *Mitgefühl und Liebe* enthält die Subkategorien *Ausweitung der Achtsamkeit von innen nach außen* und *ein Gefühl von Liebe und Mitgefühl gegenüber den Klienten*. Um eine genaue Auswertung zu gewährleisten, wurden die Kategorien im Kodierleitfaden definiert, durch Ankerbeispiele verdeutlicht und erhielten Kodierregeln.

Mit diesem ersten, deduktiv erstellten Kodierleitfaden wurden zunächst zwei der fünf Interviews analysiert. So konnten die Kategorien überprüft und schrittweise neue Kategorien erstellt werden. Nach diesem ersten Materialdurchgang wurde der Kodierleitfaden überarbeitet. Der Materialdurchgang hat gezeigt, dass einzelne Hauptkategorien durch weitere Subkategorien ergänzt werden müssen, während andere Subkategorien gestrichen werden konnten, da das Material keinen Hinweis auf diese Kategorien bot. Im zweiten Entwurf wurde die erste Hauptkategorie *Fokussierte Aufmerksamkeit* ergänzt durch die Subkategorie *Nicht bewusst herbeigeführte Aufmerksamkeit und Präsenz* und bietet damit eine Ergänzung zu der Subkategorie *Bewusst herbeigeführte Aufmerksamkeit und Präsenz*. In der zweiten Hauptkategorie *Hier und Jetzt* wurde die Subkategorie *Körperempfindungen* aufgeteilt in *Körperempfindungen der Beraterin* und *Körperempfindungen der Klienten*, die Subkategorie *Keine Erwartungen an sich* wurde gestrichen, da das Material keine Anhaltspunkte bot und das Ziel dieser Subkategorie, das Bewusstsein der Beratenden für den jetzigen Moment zu erfassen, ausreichend durch andere Kategorien abgedeckt wird. Die Subkategorie *Akzeptanz eigener Gedanken und Gefühle* im Beratungsprozess wurde inhaltlich erweitert, indem das Nutzbarmachen dieser Gefühle für die Beratung, in eine erweiterte Definition aufgenommen wurde. Unter die Subkategorie *Liebe und Mitgefühl* gliedert sich nun die Subkategorie *Liebe und Mitgefühl für Klienten, die als sympathisch erlebt werden* und *Liebe und Mitgefühl für alle Klienten.*

Mit dem zweiten Kodierleitfaden erfolgte dann ein vollständiger Materialdurchgang. Nach der Analyse aller fünf Interviews, konnte der Kodierleitfaden erneut modifiziert werden, wodurch sich folgende Änderungen ergeben haben. Die Hauptkategorie *Hier und Jetzt* erhielt die zusätzliche Subkategorie *Orientierung der Beraterin am Hier und Jetzt,* da viele Aussagen sich auf die persönliche Vorbereitung der Beraterin beziehen. Die Definition der Subkategorie *Prozessorientierte Beratung* wurde im gleichen Schritt enger gefasst, um sich klarer von der Subkategorie *Orientierung der Beraterin am Hier und Jetzt* abzugrenzen. Sie bezieht sich auf das Vorhandensein eines bestimmten Beratungsschemas, die Festlegung von Zielen und die Orientierung am Klienten. Die neue Subkategorie bezieht sich auf die Orientierung der Beraterin an dem jetzigen Moment. Ankerbeispiele verdeutlichen die Zuordnung zu den einzelnen Kategorien. Die Subkategorie *Mitgefühl und Liebe* wurde aufgeteilt in die Subkategorien *Positive Gefühle für die Klienten* und *Liebe für die Klienten,* da in vielen Textstellen positive Gefühle für die Klienten thematisiert wurden, diese aber in den meisten Fällen deutlich von Liebe abgegrenzt wurden. Zusätzlich hat sich eine neue Kategorie aus dem Material entwickelt. Die Kategorie *Achtsamkeitsübungen* umfasst alle Aussagen, die darauf hindeuten, dass die Klienten in der Beratung Achtsamkeitsübungen erlernen, die sie selbstständig auch außerhalb der Beratung anwenden.

Mit diesem Kodierleitfaden erfolgte erneut ein vollständiger Materialdurchgang und die finale Zuordnung aller für die Forschungsfrage relevanten Aussagen zu den Kategorien. Der finale Kodierleitfaden besteht aus sechs Hauptkategorien und 18 Subkategorien, wobei jede Subkategorie durch eine Definition, mindestens ein Ankerbeispiel und eine Kodierregel bestimmt ist.

Darstellung 8: Übersicht der Kategorien und Subkategorien

Kategorien	Subkategorien
Fokussierte Aufmerksamkeit	K1: Aufmerksamkeit und Präsenz K2: Bewusst herbeigeführte Aufmerksamkeit und Präsenz K3: Kontextwahrnehmung
Hier und Jetzt	K4: Prozessorientierte Beratung K5: Orientierung der Beraterin am Hier und Jetzt K6: Dem Entstehen vertrauen K7: Körperempfindungen der Klienten K8: Körperempfindungen der Beraterin
Beobachtung aller Gedanken, Gefühle und Sinneseindrücke	K9: Gedanken, Gefühle und Sinneseindrücke werden als solche erkannt K10: Heraustreten aus Reaktionen und Identifikationen
Vollkommene Akzeptanz	K11: Akzeptanz eigener Gedanken und Gefühle im Beratungsprozess K12: Akzeptanz der Situation der Klienten K13: Keine Erwartungen gegenüber den Klienten K14: Bewertungsfreie Reflexion der Beraterin
Mitgefühl und Liebe	K15: Ausweitung der Achtsamkeit von „innen“ nach „außen“ K16: Positive Gefühle gegenüber den Klienten K17: Liebe für die Klienten
Achtsamkeitsübungen	K18: Achtsamkeitsübungen

Die Aussagen, die den Subkategorien *Prozessorientierte Beratung, Orientierung der Beraterin am Hier und Jetzt* und *Liebe für die Klienten* zugeordnet wurden, wurden zusätzlich in Vorhandensein und Nichtvorhandensein des Merkmals unterteilt. In diesen Kategorien weisen auffallend viele Aussagen auf ein Nichtvorhandensein des Merkmals hin, was für die

Forschungsfrage sehr interessant ist. Bei allen anderen Kategorien wurden ausschließlich die Aussagen den Kategorien zugeordnet, die auf das Vorhandensein des jeweiligen Merkmals hindeuten. Der finale Kodierleitfaden befindet sich im Anhang dieser Arbeit.

8. Darstellung der Ergebnisse

Im nachfolgenden Kapitel werden die zentralen Ergebnisse der qualitativen Inhaltsanalyse zusammenfassend dargestellt. Die Ergebnisse werden für die Subkategorien einzeln aufgeführt sowie die Bedeutung der einzelnen Subkategorien erläutert. Die Aussagen der Interviewten, die der jeweiligen Kategorie zugeordnet wurden, werden zusammengefasst und die Ergebnisse durch aussagekräftige Zitate belegt. Die zentralen Aussagen werden außerdem für jede Hauptkategorie zusammengefasst. Die Darstellung in diesem Kapitel erfolgt rein deskriptiv.

Die vorliegende Untersuchung erhebt nicht den Anspruch allgemeingültige Aussagen über den Zusammenhang von Achtsamkeit und Beratung zu machen. In einem begrenzten Rahmen wird aufgezeigt, welche Dimensionen und wie stark die Dimensionen von Achtsamkeit bei einzelnen Praktikern unterschiedlicher Beratungsrichtungen ausgeprägt sind und welche Rückschlüsse sich auf die spezifischen Beratungsrichtungen ziehen lassen. Von dem Nichtvorhandensein einzelner Dimensionen in der Beratung kann nicht auf eine nicht achtsame Beratung geschlossen werden.

Aufmerksamkeit und Präsenz (K1)

Unter die Kategorie *Aufmerksamkeit und Präsenz* fallen alle Aussagen aus denen hervorgeht, dass die Beraterinnen einen aufmerksamen und präsenten Zustand in der Beratung erleben.

Die Aussagen der Befragten sprechen dafür, dass grundsätzlich alle Befragten (n=5) während der Beratung einen präsenten und aufmerksamen Zustand erleben. Eine Beraterin (BS1) beschreibt den präsenten Zustand folgendermaßen: *„Ja, meine ganze Ausrichtung ist hin zum Klienten. Also ich bin vollkommen ausgerichtet zu ihm hin."* (BS1, Z. 204f). Dieselbe Beraterin (BSI) benennt diesen präsenten Zustand als Teil ihrer grundsätzlichen Haltung. *„Also das, glaube ich, ist eine der wichtigsten Qualitäten meines Beraterinnen Seins, dass ich da wirklich ganz präsent bin."* (BS1, Z. 209f)

Eine weitere Befragte (BG2) beschreibt diesen präsenten Zustand als Verbindung zum Hier und Jetzt. *„Ja und das ist auch das, was so schön ist an dieser Arbeit […]. Es gibt für mich nichts anderes zu tun, als hier gut im Kontakt zu sein, präsent zu sein. Und diese Präsenz holt mich ja total ins Hier und Jetzt. Und ich finde in meinem Leben nichts heilsamer eigentlich als meine Arbeit. Also, die heilt mich im Grunde mindestens so doll, wie das, was ich für die tue, ja, so mein Eindruck. Weil ich so viel, wirklich im Hier und Jetzt sein darf, total präsent."* (BG2, Z. 232ff)

Eine Befragte (BI2) beschreibt einen eher konzentrierten Zustand und die Beratung als die *„[…] Zeit, wo man sich dann wirklich auch konzentriert und wo man halt auch mit den eigenen Sachen dann nicht beschäftigt ist. So, die spielen dann keine Rolle, da fällt einem nicht zwischendurch irgendwie wieder ein: ´Ach ja, mir geht es ja selber ganz schlecht.` Das passiert eigentlich nicht."* (BI2, Z.293ff). Dieser Zustand wird von der Beraterin als nicht bewusst mental herbeigeführt beschrieben. *„Das ist irgendwie automatisch. Das ist einfach so. Ich glaube, das hat vielleicht auch was damit zu tun, dass ich das Gefühl habe, ok, wenn ich hier als Beraterin sitze, dann bin ich jetzt halt diese Zeit nur für den anderen da und (.) mein restliches Leben, das ist jetzt gerade woanders."* (BI2, Z. 320ff)

Eine der Befragten (BG1) berichtet, dass es für sie unmöglich ist die gesamte Zeit der Beratung fokussiert und konzentriert zu sein. *„[...] also ich denke auch, ich kann nicht, ähm, 90 Minuten, die ich mit dem Menschen verbringe, so was von fokussiert und konzentriert sein, da bin ich auch mal zwischendurch mit irgendwas beschäftigt."* (BG1, Z. 165ff)

Zusammenfassend kann festgehalten werden, dass alle Befragten (n=5) einen Zustand von Präsenz und Aufmerksamkeit in der Beratung erleben. Dieser Zustand wird aber teilweise nicht über die gesamte Beratungssitzung hinweg gehalten.

Bewusst herbeigeführte Aufmerksamkeit und Präsenz (K2)

Der Kategorie *Bewusst herbeigeführte Aufmerksamkeit und Präsenz* werden alle Aussagen zugeordnet, in denen die Befragten einen präsenten und aufmerksamen Zustand in der Beratung beschreiben, den sie bewusst herbeigeführt haben.

Alle Befragten (n=5) berichten zunächst von einer organisatorischen Vorbereitung, die größtenteils mit einer inneren Vorbereitung einhergeht, jedoch teilweise unterbewusst stattfindet. Als Teil dieser organisatorischen Vorbereitung beschreiben zwei Befragte das Durchgehen von Beratungsprotokollen, um wieder Kontakt mit dem Klienten aufzunehmen und die Vorbereitung des Raumes. „ […] *vorher den Raum vorbereiten, das ist ja auch so eine innere Vorbereitungszeit, wenn ich dann da bin und neuen Tee koche oder Wasser nachfülle."* (BI2, Z. 300ff). *„Also der organisatorische Teil steht tatsächlich bewusst im Vordergrund. Unterbewusst bereite ich mich sicherlich auch mental vor."* (BI1, Z. 21f)

Zwei der Befragten (BG2, BS1) beschreiben eine bewusste, innerliche Vorbereitung vor den Beratungsgesprächen, *„[...] und ich bereite mich darauf vor, indem ich versuche nicht aus so einem Stress zu kommen, sondern ich bin eigentlich immer zeitig hier und habe auch zwischen den Sitzungen genug Zeit mich innerlich wieder leer zu machen."* (BG2, Z. 5ff). Die innerliche Vorbereitung führt bei allen Befragten dazu, dass die Beraterinnen aufmerksamer und klarer in den Kontakt mit den Klienten gehen können. *„[...] also, dass ich sozusagen wirklich klar in so einen Kontakt gehen kann und nicht noch irgendwas anderes, eigenes habe, was da mit reinspielt."* (BS1, Z. 17ff) *„Dass ich sozusagen satt in den Kontakt gehe und nichts brauche, dass ich ganz frei bin in dem Kontakt."*(BS1, 33ff)

Aus den Aussagen wird weiterhin deutlich, dass eine innere Vorbereitung besonders dann stattfindet, wenn die Beraterinnen sich selber nicht ganz fit fühlen. Eine Befragte (BI2) nutzt dann die Methode der Introvision, um einen aufmerksamen Zustand herzustellen *„[...] oder, wenn ich mich selbst in einer nicht super idealen Fassung befinde so, dann muss ich mich teilweise auf Gespräche vorbereiten und sagen: ´Ok, (.) ähm, ich mache jetzt mal Introvision.` Das ist ja auch die Methode, nach der ich selber arbeite oder mach KAW, um mich selber zu beruhigen und um mich zu erden und so und dann halt mich nicht eventuell überrollen zu lassen."* (BI2, Z. 27ff)

Eine weitere Beraterin (BI1) beschreibt diese besondere innere Vorbereitung als einen Selbstklärungsprozess mit dem Ziel in der Beratung, trotz möglicher eigener Schwächen, aufmerksam und präsent sein zu können. *„Also an solchen Tagen bereite ich mich besonders gut organisatorisch vor, um da (.) klarer auch zu sein, aber ich bereite mich besonders gut mental dann vor, im Sinne von (3), selber nochmal zu mir kommen, zu gucken: ´Was ist der Grund für diesen schlechten Tag, wo kommt das her, wieso fühle ich mich heute vielleicht nicht wohl?`, also in einen Selbstklärungsprozess zu gehen [...]."*(BI1, Z. 275ff)

Zusätzlich betonen zwei Beraterinnen (BS1, BI1) in diesem Zusammenhang die hohe Bedeutung der Selbstfürsorge, die nötig ist, um in der Beratung in der Lage zu sein, sich vollständig auf den Klienten einzulassen. *„Ich versuche dann immer extrem stark für mich zu sorgen [...]."* (BI1, Z. 275f) *„[...] also das Thema Selbstfürsorge spielt eine große Rolle."* (BS1, Z. 33f) Das heißt zum Beispiel, sich mehr Zeit für sich zwischen den Beratungen zu nehmen und in die Selbstreflexion zu gehen. *„[...] dass ich dann zwischen den Gesprächen in der Regel eine halbe Stunde Zeit lege, in der ich mich einfach entspanne und versuche von der einen zur anderen wieder gedanklich zu kommen."* (BI1, Z. 25ff)

Zusammenfassend sprechen die Aussagen der Befragten für einen weitgehend präsenten und aufmerksamen Zustand der Beraterinnen in der Beratung, der sich an Tagen, an denen sich die Beraterinnen gesund und fit fühlen, teilweise automatisch einstellt (z.B. BI2, Z. 320ff). An Tagen, an denen Körper oder Psyche der Beraterinnen geschwächt sind, wird dieser Zustand zusätzlich durch eine innere Vorbereitung hergestellt, beispielsweise durch ein inneres Leermachen (BG2, Z. 5ff) oder die Methode der Introvision (z.B. BI2, Z. 27ff). Diese innere Vorbereitung ist teilweise verknüpft mit einer organisatorischen Vorbereitung (zum Beispiel die bewusste Vorbereitung des Raumes oder das Lesen von Beratungsprotokollen). Zusätzlich spielt eine grundsätzliche Selbstfürsorge als Voraussetzung dafür, sich vollständig auf die Klienten einlassen zu können, eine große Rolle.

Kontextwahrnehmung (K3)

Unter die Kategorie *Kontextwahrnehmung* fallen alle Aussagen, die sich auf das Wahrnehmen von äußeren Sinneseindrücken während der Beratung beziehen. Zu den Sinneseindrücken können beispielsweise Geräusche, Gerüche oder visuelle Eindrücke zählen. Alle Befragten haben sich bei der Beantwortung der Fragen jedoch ausschließlich auf die Wahrnehmung von Geräuschen bezogen.

Aus der Zusammenfassung der Aussagen der Befragten ergeben sich zwei zentrale Aspekte. Zum einen berichten alle Befragten, während der Beratung Geräusche in ihrer Umgebung wahrzunehmen. *„[...] und äh, dass die Heizung jetzt brummt und so, das nehme ich schon wahr aber (.) ganz marginal im Hintergrund."* (BS1, Z. 172ff). Sie betonen aber gleichzeitig, dass sie sich von diesen nicht ablenken lassen. *„[...] aber das läuft hinten ab, sozusagen, der andere Teil ist immer noch präsent so und hört zu und ist dabei."* (BI2, Z. 395ff)

Drei Beraterinnen weisen darauf hin, dass dieselben Umgebungsgeräusche, die sie während der Beratung wahrnehmen, von ihren Klienten kaum bis gar nicht wahrgenommen werden und führen dies darauf zurück, dass die Klienten intensiv mit sich und ihren Gefühlen beschäftigt sind. *„Ja, ich nehme meine Umgebung total wahr. Und ich finde das spannend, weil ich merke meine Klienten sind meistens so bei sich, die merken das überhaupt nicht. Ich kriege das alles mit."* (BG2, Z. 361ff) *„Das ist erstaunlich, wenn die Leute ganz tief in ihren Gefühlen drin sind, dann registrieren sie das alles gar nicht mehr."* (BI2, Z. 326ff)

Eine Beraterin (BG2) weist darauf hin, dass, wenn sie sich doch einmal durch ein Geräusch gestört fühlen sollte, sie etwas gegen das Geräusch tun würde. *„Wenn es mich zu sehr stört, dann tue ich was dagegen."* (BG2, Z. 361ff)

Die Aussagen der Befragten sprechen grundsätzlich für ein aufmerksames Wahrnehmen äußerer Sinneseindrücke, welches den Beratungsprozess jedoch nicht stört oder unterbricht, da die Wahrnehmung im Hintergrundbewusstsein abläuft.

Prozessorientierte Beratung (K4)

Die Kategorie *Prozessorientierte Beratung* bezieht sich auf alle Aussagen, aus denen hervorgeht, dass die Beratung sich aus dem Prozess entwickelt. Die Beratung erfolgt nicht nach einem bestimmten Schema und es werden keine Ziele festgelegt. Zusätzlich werden an dieser Stelle die Aussagen, in denen das Merkmal der Prozessorientierung nicht ausgeprägt ist, aufgeführt.

Die Auswertung der Interviews bezüglich der prozessorientierten Beratung zeigt, dass grundsätzlich alle Befragten (n=5) prozessorientiert beraten und eine Klientenzentrierung betonen, das heißt die Wünsche und Anliegen der Klienten stehen im Vordergrund. Die Beratung wird flexibel gehalten und von den Klienten mitgestaltet.

Das Merkmal der Prozessorientierung ist bei den Beratern jedoch unterschiedlich ausgeprägt. Bei der Auswertung der Textstellen dieser Kategorie fällt auf, dass zwei Beraterinnen (BI1, BI2) einen formalen Ablauf des Beratungsprozesses beschreiben, der sich in ähnlicher Form bei allen Klienten wiederholt. *„Aber grundsätzlich verläuft jedes einzelne Gespräch so erst mal mit einer Begrüßung und [...] dann um welches Thema soll es halt heute gehen, dann die Bearbeitung des Themas und dann (.) wieder die Einordnung des Themas in, wie soll das jetzt damit weitergehen, was können sie selber damit machen."* (BI2, Z. 82ff) *„Es gibt so eine Phase, was wollen wir heute machen, dann machen wir das und dann gibt es eine Abschlussphase, in der das nochmal reflektiert wird."* (BI1, Z. 138ff)

Der Ablauf bezieht sich nach den Aussagen der Befragten (BI1, BI2) dabei sowohl auf den Ablauf einer einzelnen Stunde als auch auf den gesamten Beratungsprozess. *„Ja, jede einzelne Beratung hat einen bestimmten Ablauf und, ähm, der Beratungsprozess hat im Prinzip auch einen bestimmten Ablauf. Natürlich ist das mit jedem Klienten auch immer wieder unterschiedlich."* (BI2, Z.82ff; BI1, Z. 70ff). Zusätzlich wird eine Klientenzentrierung betont. *„Das Schema ist eher so im Hintergrund und dient der Orientierung und der Strukturierung für mich und auch für die Klientin letztendlich. Ja, aber das ist jetzt nichts was unumwerflich immer so stattfindet."* (BI1, Z. 122ff)

Dieselben Befragten beschreiben auch mehrmals im Interview eine Zielfindungsphase. *„Wir haben am Anfang der Beratung immer eine Zielfindung sozusagen, also ich verständige mich in einem Kennenlerngespräch erst mal mit demjenigen [...] 'Was ist das Ziel, was ist das Anliegen?` [...] und, ähm, dass ich versuche, die immer im Blick zu haben." (BI1, Z. 39ff) „Ich fordere die Klientin in der Regel auf, von sich aus ein Ziel für diese Sitzung zu nennen."* (BI1, Z. 104ff)

Die Befragten weisen jedoch darauf hin, dass auch die Zielfindung flexibel gestaltet ist und dass, im Sinne der Klientenzentrierung, das Anliegen der Klienten im Vordergrund steht. *„[...] und das andere ist natürlich das Klientenzentrierte, also dass das Anliegen der Klienten im Vor-*

dergrund steht, das heißt auch wenn wir am Anfang vielleicht festgelegt haben, das Ziel ist (2) der nächste Schritt in der Karriere soll geplant werden und nun kommt dazwischen [...].“ (BI1, Z. 56ff)

Diese Aussagen unterscheiden sich von denen der drei anderen Befragten, bei denen die Beratung eher aus dem Moment entsteht und das Merkmal der Prozessorientierung stärker ausgeprägt ist. *„[...] der Klient kommt, man nimmt so erst mal Kontakt auf und dann rückt irgendetwas in den Vordergrund, also das, was gerade da sein will oder wichtig ist, angeschaut werden will, kommt in den Vordergrund. Das kann das sein, was der Klient sich vorgenommen hat, so: ´Das will ich hier heute bearbeiten.` oder es ist etwas anderes, es taucht auf. (.) Das taucht auf und wenn es gut läuft, dann kommt der Klient richtig gut damit in Kontakt, mit dem was da ist, ja. Wut oder Trauer oder was weiß ich, Verzweiflung manchmal.“* (BG2, Z.302ff)

Zusammenfassend kann festgehalten werden, dass zwei der Befragten (BI1, BI2) grundsätzlich nach einem Ablauf vorgehen und gemeinsam mit den Klienten Ziele festlegen. Die drei anderen Befragten (BG1, BG2, BS1) handeln überwiegend aus dem Moment heraus. Alle Befragten betonen die Bedeutung der Klientenzentrierung. So werden auch bei den Beraterinnen, die nach einem Ablauf vorgehen, vorläufige Ziele umgestaltet und bei Bedarf neu formuliert. Ein zielorientiertes und planhaftes Vorgehen bleibt dennoch bestehen.

Orientierung der Beraterin am Hier und Jetzt (K5)

Zur Kategorie *Orientierung der Beraterin am Hier und Jetzt* gehören alle Aussagen, aus denen deutlich wird, dass die Beraterin sich inhaltlich nicht auf die Beratungssitzungen vorbereitet, sondern sich am jetzigen Moment in der Beratung orientiert. Auch in dieser Kategorie werden zusätzlich alle Aussagen zusammenfassend dargestellt, in denen das Merkmal *Orientierung am Hier und Jetzt* schwach ausgeprägt ist.

Die Aussagen von zwei der Befragten (BS1, BG1) deuten auf eine starke Orientierung am Hier und Jetzt hin. *„Jede Beratung ist für mich eine neue Begegnung. Jede. Auch wenn ich eine Klientin schon hundertmal gesehen habe. Und ich habe keine Idee davon, was heute passiert und ich bin ganz interessiert und offen.“* (BS1, Z. 206ff) Eine Beraterin (BG1) weist darauf hin, was passiert, wenn sie ihre grundsätzliche Orientierung am Hier und Jetzt nicht ausleben kann und sich vor der Beratung darüber Gedanken macht, was möglicherweise passieren könnte. *„Wenn ich dann im Kontakt wieder bin, ist irgendwas anderes wichtig, als das, was ich mir in meinem Mind zurecht gelegt habe: ´Ah, darum geht es wahrscheinlich, ja jetzt habe ich sie verstanden, ja jetzt habe ich sie durchschaut`, und wenn ich damit zu sehr in den Kontakt gehe, dann passiert das, was ich am Anfang beschrieben habe, dass es dann nicht so gut läuft, weil dann ist mein Mind zu sehr im Weg, meine Vorstellungen, ja, sind dann davor, statt dass ich wirklich wieder gucke: ´OK, wie sind sie hier heute?, wie geht es ihnen jetzt?` Ja, genau.“* (BG2, Z. 262ff)

Aus den Aussagen der anderen drei Befragten (BG1, BI1, BI2) wird deutlich, dass eine Vorbereitung der Beratung grundsätzlich stattfindet. Die Vorbereitung läuft bei zwei Beraterinnen hauptsächlich über das inhaltliche Durchgehen von Beratungsprotokollen ab, um Inhalte der vergangenen Beratungssitzungen wieder aufgreifen zu können. *„Also ich gucke mir halt die letzten Gespräche nochmal an und überlege: 'Was waren jetzt die Sachen, die wir besprochen haben?`, was am Ende rausgekommen ist, ob das Themen waren, wo ich nochmal nachhaken wollte."* (BI2, Z. 2ff) *„Ich bereite mich vor, indem ich meine Mitschriften aus den Gesprächen davor immer nochmal durchgehe [...], strukturiere und mir dann in der Regel so eine Art Themenspeicher erstelle, das heißt, immer für das nächste Gespräch so gucke: 'Was ist so aus dem letzten Gespräch die Essenz gewesen, wo sind wir stehen geblieben, was war das Ergebnis?`[...] so einen langfristigen Blick zu haben, was jetzt noch passieren soll, [...] wie nahe wir dem Ziel sind."* (BI1, Z. 7ff)

Zwei Beraterinnen berichten, dass sie sich gedanklich in die Beratungssituation versetzen und sich vorstellen, wie diese ablaufen könnte. Dabei nutzt eine Beraterin die Methode der Introvision, um möglichen, für sie unangenehmen Situationen neutral begegnen zu können. *„Ähm, ich versuche mich halt auf den schlimmst möglichen Fall vorzubereiten."* (BI2, Z. 38) *„Das versuche ich mir dann halt zu sagen und mir das vorzustellen und das aber konstatierend, aufmerksam wahrzunehmen, also mich da nicht reinzusteigern: 'Oh Gott, wie schlimm wäre das.`, sondern zu mir zu sagen, dass es <u>so</u> sein <u>kann</u>."* (BI2, Z. 40ff)

Bei der zusammenfassenden Betrachtung der Aussagen der Befragten wird deutlich, dass drei Beraterinnen betonen (BG1, BG2, BS1) sich inhaltlich nicht auf die Beratungssitzungen vorzubereiten, sondern ohne bestimmte Vorstellungen in die Beratung zu gehen. Sie widmen ihre Aufmerksamkeit, den im Moment der Beratung „auftauchenden" Themen, während eine inhaltliche Vorbereitung für zwei andere Befragte (BI1, BI2) dazugehört.

Dem Entstehen vertrauen (K6)

Der Kategorie *Dem Entstehen vertrauen* werden alle Aussagen zugeordnet, aus denen hervorgeht, dass die Beraterin auf eine angemessene Beratung vertraut, ohne bestimmte Ziele erreichen zu müssen. Sie erkennt ihre Grenzen als Beraterin und sieht einen „höheren Sinn" in den Problemen ihrer Klienten.

In Bezug auf die Fähigkeit zu Vertrauen gibt es mehrere Textstellen, die in ähnlicher Form mehrfach zu finden sind. Eine Befragte (BG2) berichtet, dass der Sinn der Beratung und der Sinn ihrer Beraterrolle von hoher Bedeutung für sie sind. *„Und wenn ich so das Gefühl habe, das Leben will was von mir, ja. Also, die Menschheit ist in einer Evolution [...] und ich bin Teil dessen und ich soll hier was, dann geht es mir besser."* (BG2, Z. 292ff) Gleichzeitig betont sie die Bedeutung des Loslassens. *„Naja, das brauch* *schon so ne Gewisse auch Loslösung, also quasi so was wie um zurückzukommen zu diesem Vertrauen und diesem Sinn, also, dass es irgendeinen Sinn schon haben wird."* (BG2, Z. 392ff)

Eine andere Befragte (BS1) berichtet im Laufe ihrer Beraterentwicklung Demut entwickelt zu haben und ein Bewusstsein dafür *„[...] nur Beiträge leisten zu können, aber was die Menschen damit machen, das ist in ihrer eigenen Verantwortung."*(BS1, Z. 247f). Die Demut stellt sich nach den Aussagen der Beraterin besonders dann ein, wenn sie an einem Punkt angekommen ist, an dem es mit einem Klienten nicht weitergeht. *„Manchmal muss ich auch, ich fühle mich auch christlich gebunden, dann muss ich manchmal irgendwo in eine Kirche gehen und eine Kerze anmachen und mehr kann ich dann auch nicht, dann muss ich andere Mächte bemühen. Ich glaube das hat etwas mit Demut zu tun, die man im Laufe des Lebens lernt. Ich glaube das hat man nicht gleich. Am Anfang des Beraterinnen oder Therapeutinnen Daseins hat man noch das Gefühl die Welt retten zu können. Das verändert sich, also für mich hat sich das verändert und ich bin sehr viel demütiger geworden."* (BS1, Z. 239ff)

Zusammenfassend kann festgehalten werden, dass drei Beraterinnen (BG1, BG2, BS1) besonders auf einen „höheren Sinn" eingehen, der hinter der Beratung und hinter den Herausforderungen der Klienten steht.

Körperempfindungen der Klienten (K7)

Unter die Kategorie *Körperempfindungen der Klienten* werden alle Aussagen gefasst, die darauf hindeuten, dass die Beraterin die Körperempfindungen der Klienten wahrnimmt und in die Beratung mit einbezieht.

Die Auswertung der Interviews bezüglich der Körperempfindungen der Klienten zeigt deutlich, dass alle befragten Beraterinnen (n=5) auf die Körperempfindungen und -reaktionen ihrer Klienten achten. Vier Beraterinnen berichten darüber hinaus, auf die Körperempfindungen ihrer Klienten direkt einzugehen und beziehen diese in die Beratung mit ein.

So geht aus mehreren Aussagen hervor, dass die Beraterinnen die körperlichen Reaktionen ihrer Klienten bewusst wahrnehmen. *„Man sieht das natürlich auch am Gegenüber, womit der Schwierigkeiten hat oder was da jetzt gerade passiert. So an den körperlichen Reaktionen, ob die Leute sich anspannen, rot werden, Flecken im Gesicht kriegen oder anfangen zu weinen."* (BI2, Z. 77ff) Vier Beraterinnen berichten davon, diese körperlichen Reaktionen anzusprechen und damit nutzbar für den Beratungsprozess zu machen. *„Also Veränderungen von Haltungen, Veränderungen von Positionen, Veränderungen von Körperspannung und so was, das spreche ich auch an, was jetzt gerade passiert ist mit der Frage, die ich gerade gestellt habe (.) und wie sich das anfühlt und ob sie das kennen, das Gefühl und woran es sie erinnert."* (BS1, Z. 156ff)

Eine Beraterin (BG2) betont zusätzlich die Bedeutung des Körpers als Zugang zum jetzigen Moment und als Möglichkeit für die Klienten in der Beratung Zugang zu ihrem inneren Gefühlsleben zu bekommen. *„Also für viele Menschen ist der Körper der Zugang zu ihrem (.) Kontakt (.) zu sich […]. Also gehe ich in einen Kontakt mit meinen inneren Anteilen. Manche kommen gut über den Körper in den Kontakt […] dann frage ich auch: 'Wo fühlst du das?`, weil oft sind ja Worte schon eine Interpretation und dann wirklich, um damit wirklich Kontakt aufzunehmen, braucht es manchmal das wirklich in den Körper zu fühlen."* (BG2, Z. 333ff)

Werden die Aussagen der Befragten zusammengefasst, zeigt sich bei allen Beraterinnen (n=5) ein ausgeprägtes Bewusstsein für die Körperempfindungen der Klienten. Vier Beraterinnen beziehen die Körperempfindungen der Klienten in die Beratung mit ein, woraus sich schließen lässt, dass diesen allgemein eine große Bedeutung zugemessen wird.

Körperempfindungen der Beraterin (K8)

Der Kategorie *Körperempfindungen der Beraterin* werden alle Aussagen zugeordnet, aus denen hervorgeht, dass die Beraterin, während der Beratung, gegenüber ihren eigenen Körperempfindungen sensibel ist und diese in den Beratungsprozess mit einbezieht.

Vier Beraterinnen (BI1, BI2, BG1, BS1) beschreiben ausführlich und mehrfach, wie sich Gefühle in der Beratung auf ihren Körper auswirken. Sie betonen, wie wichtig es ist, in der Beratung, mit Hilfe des Körpers, immer wieder zu sich zu kommen und sich zu erden. *„[…] das merke ich dann immer hier ((zeigt auf ihre Brust)) und wenn ich das merke, dann merke ich, da ist was zu dicht an mich herangekommen, dann versuche ich immer meine Füße bewusst aufzustellen, mich selber erst mal wieder zu erden. Bewusst mal durchzuatmen, ja (.) so, also das mache ich dann. Also auch wieder im Sinne der Selbstfürsorge so ein bisschen."* (BI1, Z.317ff). Erdungsübungen in der Beratung führen nach den Aussagen der Beraterinnen dazu, sich nicht in den Klienten zu verlieren. *„Dieses Erden, das ist halt auch ganz wichtig, das ist eine ganz basale Fähigkeit, was die Leute im Laufe des Lebens oft verlieren […]. In der Beratungssituation kann es ja auch ganz schnell passieren, dass man gar nicht mehr bei sich ist, sondern nur noch bei dem anderen.* (BI2, Z. 44ff) *„[…] und ich stelle meine Füße auf den Boden und merke: 'Hier, das bin ich und das sind meine Grenzen und da ist das Gegenüber und das sind seine Grenzen.` ((deutet mit den Händen den eigenen Radius und den des Klienten an))."* (BI2, Z. 54ff)

„Ja, also ich kann in Körperempfindungen rein gehen und auch in Empfindungen wie: 'Bin ich gelangweilt? Bin ich genervt?`. Das ist das, was ich in Gestalt gelernt habe, wieder Kontakt zu mir zu bekommen." (BG1, Z. 180ff)

Zwei Beraterinnen (BG2, BS1) beschreiben darüber hinaus, wie sie ihre eigenen Körperempfindungen in die Beratung einbeziehen *„[…] und wenn ich ein Symptom habe in der Beratung, was ich vorher nicht hatte, dann stelle ich das auch zur Verfügung. So: 'Irgendwie fühlt sich das hier irgendwie* *etwas beklemmt an ((fasst sich an die Brust))´ […]. Also, ich stelle es zur Verfügung.“* (BS1, Z. 156ff)

Aus den Aussagen wird deutlich, dass alle befragten Beraterinnen ein hohes Körperbewusstsein haben und eigene Körperempfindungen in die Beratung mit einbeziehen.

Gedanken, Gefühle und Sinneseindrücke werden als solche erkannt (K9)

Die Kategorie *Gedanken, Gefühle und Sinneseindrücke werden als solche erkannt* umfasst alle Aussagen, die darauf hindeuten, dass die Beraterin sich ihrer eigenen Gedanken, Gefühle und Sinneseindrücke während der Beratung bewusst ist.

Die Auswertung der Interviews zeigt, dass alle Befragten eigene Gedanken und Gefühle, die in der Beratungssituation aufkommen, erkennen. *„Manchmal, wenn ich mitkriege, meine Gedanken sind gerade irgendwo anders, ich kreise gerade um meine eigenen Themen […].“* (BG2, Z. 17ff). Die Aussagen der Befragten beziehen sich dabei hauptsächlich auf Gedanken und negativ bewertete Gefühle, die in der Beratung aufkommen, wie Ungeduld (BI2, 181f), Gereiztheit (BG2, Z. 162f) oder Wut: *„Ich sitze hier und es passiert etwas, meinetwegen ich werde genervt oder ein bisschen Wut, das passiert auch manchmal. Ich fühle ein bisschen Wut.“* (BG2, Z. 201ff)

Die folgende Aussage einer Beraterin (BG2) verdeutlicht ihre Bewusstheit über die eigenen Gefühle in der Beratung. *„Also es ist nicht so, dass ich erst ne ganze Stunde genervt bin und das erst hinterher mitkriege, sondern ich krieg das mit in der Stunde, dass ich nicht mehr ganz mit dem Herzen da bin.“*(BG2, Z. 178ff)

Nach den Aussagen von zwei Beraterinnen (BI1, BI2) beziehen sich die eigenen Gedanken hauptsächlich direkt auf die Beratungssituation. Sie beschreiben, dass sie sich Gedanken machen, bevor sie etwas aussprechen. *„´Ok, wie mache ich jetzt weiter, welchen Strang nehme ich jetzt weiter auf?` Und das sind auch genau solche Prozesse, die auch im Hinterkopf ablaufen, wenn man jemanden neu kennenlernt.“* (BI2, Z. 360ff und BI1, Z. 392ff). Ebenso beziehen sich die Gedanken auf organisatorische Dinge, wie das Überprüfen der Zeit (BI2, Z. 313f). Lediglich eine Beraterin (BG1) berichtet gedanklich auch mal mit eigenen Sachen beschäftigt zu sein *„Ja, es kann auch mal passieren (.), dass ich dann (.) bei meiner Einkaufsliste bin. Also da muss ich einfach dran denken.“* (BG1, Z. 160f)

Zusammenfassend sprechen die Aussagen der befragten Beraterinnen für ein starkes Bewusstsein ihrer eigenen Gedanken und Gefühle in der Beratung.

Heraustreten aus Reaktionen und Identifikationen (K10)

Die Aussagen aus denen deutlich werden, dass die Beraterin während der Beratung aus ihren eigenen Gedanken und Gefühlen durch zeitweilige Pausen, stille Versenkung oder Innehalten heraustreten kann, wurden der Kategorie *Heraustreten aus Reaktionen und Identifikationen* zugeordnet.

Alle Befragten (n=5) beschreiben, dass es ihnen gelingt in der Beratung von ihren Gedanken und Gefühlen zurückzutreten: *„Aber ich probiere mich davon dann zu lösen, das ist nicht mein Business."* (BG2, Z. 395) *„Das war total anstrengend und da habe ich auch gemerkt, dass man selber dann in eine Atemnot kommt quasi, wenn jemand selber so gestresst ist. Aber, da ist halt das Wichtige wieder zurückzutreten und zu gucken: ´Ok, was kann ich denn jetzt hier überhaupt machen?´"* (BI2, Z. 382ff). Auf den Schritt sich innerlich von eigenen Gedanken und Gefühlen zu distanzieren, folgt bei drei Beraterinnen (BG2, BI1, BI2) die Reflexion der Gedanken, Gefühle und Handlungen in der Beratung. Eine Befragte beschreibt diesen Prozess für eine Situation, in der es zu einem Missverständnis zwischen ihr und ihrer Klientin gekommen ist. *„Da bin ich halt einfach ruhig sitzengeblieben und habe abgewartet was passiert, aber natürlich habe ich innerlich überlegt: ´Was passiert jetzt hier eigentlich gerade, was ist das für eine Situation?`"* (BI2, Z. 202ff). Eine andere Befragte beschreibt, wie es ihr in einer Situation, in der eine Klientin sich nicht an Vereinbarungen gehalten hat, gelungen ist, sich von eigenen negativ bewerteten Gefühlen (Enttäuschung) zu distanzieren. *„Also wenn ich ansatzweise enttäuscht bin, [...] dann nehme ich diesen Moment ne Sekunde bei mir war (.), und sag dann aber nicht: „Oh, ich bin so enttäuscht von Ihnen", sondern dann frage ich, gehe so einen Schritt innerlich zurück, und sage: `Ok, wie kam das zustande?` Genau"*(BI1, Z. 295ff)

Die Beraterinnen nennen unterschiedliche Methoden, um von eigenen Gedanken und Gefühlen zurückzutreten. Eine Befragte beschreibt sich in einer Situation, in der sie bemerkt emotional identifiziert zu sein, zunächst zurückzulehnen, eine Tasse Tee zu trinken und zu beobachten, wie die Situation sich entwickelt. *„Also es ist nicht so, dass ich erst ne ganze Stunde genervt bin und das erst hinterher mitkriege, sondern ich krieg das mit in der Stunde, dass ich nicht mehr ganz mit dem Herzen da bin und dann (.) manchmal ist es auch so, dass ich mich dann erst mal zurücklehne, dann trinke ich erst mal einen Schluck Tee und denke: ´Na gut, lass ihn.`"* (BG2, Z. 178ff). Zwei weitere Befragte (BI1, BI2) beschreiben die Anwendung der Methode der Introvision: *„[...] dass ich dann konstatieren kann in dem Moment: ´Was passiert hier eigentlich gerade?` und nicht: ´Oh Gott, jetzt ist sie böse auf mich oder jetzt ist hier irgendwie Krach und jetzt geht sie gleich` oder so was, sondern erst mal wirklich konstatierend zu bleiben und zu sehen: ´Ok, was ist denn jetzt hier gerade eigentlich los?`"* (BI2, Z.208ff). An zahlreichen weiteren Stellen wird die Bedeutung der eigenen Gefühlswahrnehmung betont. *„Also, ich glaube die Wahrnehmung der eigenen Gefühle spielt eine ganz ganz große Rolle in der Beratung und die Introvision, zum Beispiel, hilft mir wahnsinnig dabei zu konstatieren, das ist jetzt gerade so,(.) diesen Schritt zurück zu gehen und zu überlegen: ´Was mache ich jetzt damit?` Und in der Regel passieren dann zum Beispiel Pausen im Beratungsgespräch. [...] so (.) UM*

DANN Zeit zu gewinnen, um diesen inneren Prozess einmal mitzumachen.“ (BI1, Z. 305ff)

Lediglich eine Beraterin berichtet keine spezielle Methode für sich gefunden zu haben, um sich von negativen Gefühlen und Gedanken während der Beratung zu lösen (BG1, Z. 141). Sie beschreibt jedoch an anderer Stelle, dass gelegentliches Gedankenabschweifen ihr hilft wieder zu sich zurückzukommen und sich von den (negativen) Gefühlen der Klienten abzugrenzen. *„Das sind für mich dann auch Momente, wo ich ein bisschen wieder Abstand gewinnen kann, weil, ähm, das ist jetzt Gestalt, ähm, sonst verschmelze ich mit denen, dann bin ich zu (.) dann habe ich das Gefühl, ich bin zu dicht dran, dann bin ich so sehr in der Geschichte und denke nur noch an diesen Menschen [...]. Es braucht zwischendurch irgendwie wieder ne Rückführung zu mir. Und wenn das darüber geht, dass ich meine Einkaufsliste jetzt gerade habe, dann finde ich das ok. Also, ich finde es eher wichtig und hilfreich in dem Moment, weil ich dann wieder neu einsteigen muss.“* (BG1, Z. 173ff)

Zusammenfassend sprechen die Aussagen der befragten Beraterinnen für ein starkes Bewusstsein ihrer eigenen Gedanken und Gefühle in der Beratung. Aus den Aussagen geht außerdem hervor, dass alle Befragten Methoden gefunden haben, sich von starken Identifikationen (z.B. mit den Gefühlen der Klienten) und spontanen Reaktionen zu lösen.

Akzeptanz eigener Gedanken und Gefühle im Beratungsprozess (K11)

Der Kategorie *Akzeptanz eigener Gedanken und Gefühle im Beratungsprozess* werden alle Aussagen zugeordnet, die darauf hindeuten, dass die Beraterin ihre eigenen Gefühle und Gedanken in der Beratung akzeptiert und für die Beratung nutzbar macht.

Die Auswertung der Interviews zeigt grundsätzlich eine hohe Akzeptanz eigener Gedanken und Gefühle in der Beratung. Zwei Beraterinnen (BI1, BI2) beschreiben, wie sie ihre negativen Gedanken und Gefühle, im Sinne der Methode der Introvision, konstatierend wahrnehmen. *„Das Konstatieren bedeutet die Dinge so zu sehen, wie sie sind und nicht wie sie sein sollten oder könnten oder müssten, das heißt (.) auch, dass ich die Dinge in dem Moment nicht bewerte. (.) Das hilft halt in so einer Situation, die Dinge nicht zu bewerten. Also nicht zu denken: ´Oh Gott, wie schrecklich`, sondern zu sagen: ´Ah ha, so ist das jetzt gerade in diesem Moment.`“* (BI2, Z.216ff)

Vier der Befragten beschreiben in mehreren Aussagen, wie sie bei sich aufkommende negative Gefühle veröffentlichen und somit für die Beratung nutzbar machen. *„Also das heißt, wenn ich so ein bisschen Wut fühle, dann ist es gut möglich, dass der Klient wütend ist und seine Wut nicht ausdrückt. Das heißt insofern ist so ein negatives Gefühl, was entsteht in so einer Sitzung, wertvoll.“* (BG2, Z. 204ff) *„Meistens sind diese Gefühle, die* *entstehen, auch wenn sie positiv sind, irgendwelche Gefühle, meistens wertvoll für den Klienten."* (BG2, Z. 213f) *„Die veröffentliche ich in der Regel dann. Dass ich zwar nicht weiß, wieso ich jetzt gerade daran denke und ob das mit der Klientin, ob die sich das erklären kann, was das mit ihr zu tun haben könnte [...]. Also sozusagen zu veröffentlichen, damit es vorbeigehen kann."* (BS1 Z. 43ff)

Aus den Aussagen einer Beraterin geht hervor, dass sie eigene Gefühle in der Beratung unterdrückt und sich erst im Anschluss der Beratung erlaubt diese wahrzunehmen. *„Also ich glaube in dem Moment spüre ich das nicht so sehr oder unterdrücke das eher, weil ich so denke: `Oh, hat das jetzt hier Raum?` und `Ist das Ok?` So, aber das hat was mit mir zu tun, ähm, dass das einfach mein Thema ist: „Darf ich wütend sein auf die Klienten?" und „Darf ich es ihnen zeigen?" so, dass ich was jetzt nicht in Ordnung finde. Das taucht eher hinterher auf [...] das spüre ich eher hinterher, das mich was geärgert hat."* (BG1, Z. 88ff)

Zusammenfassend sprechen die Aussagen der Beraterinnen für eine hohe Akzeptanz der eigenen Gedanken und Gefühle in der Beratung.

Akzeptanz der Situation der Klienten (K12)

Unter die Kategorie *Akzeptanz der Situation der Klienten* werden alle Aussagen untergeordnet, aus denen hervorgeht, dass die Beraterin sowohl die derzeitige Situation der Klienten und deren eigene persönliche Lösungswege akzeptiert als auch unvorhergesehene Veränderungen im Beratungsprozess.

Die Aussagen der Befragten weisen auf eine hohe Akzeptanz ihrer Klienten und deren Situationen hin. Eine Befragte beschreibt ihren Respekt vor dem Verhalten ihrer Klienten und benennt auch Verhalten, das die Klienten in schwierige Situationen gebracht hat, als Lösungsversuch: *„[...] einen hohen Respekt vor Lösungsversuchen von Menschen und ich finde, dass jedes Symptom eigentlich ein Lösungsversuch ist und nicht irgendwie was Krankes, was weg muss, sondern mich interessiert, woher es kommt, wie es entstanden ist und was es braucht, damit es sich nicht mehr so destruktiv darstellt."* (BS1, Z. 10ff)

Eine weitere Befragte (BG2) beschreibt an mehreren Stellen ihre grundsätzliche Einstellung, ihren Klienten mit einer akzeptierenden und forschenden Neugierde zu begegnen. *„Das heißt so meine Einstellung, wenn jetzt jemand kommt ist überhaupt nicht so 'Irgendetwas ist richtig` oder 'Irgendetwas ist falsch`, sondern erst mal forsche ich: 'Wie macht der Mensch das? Was ist seine bisherige Methode, dieses Problem zwischen sich und der Umwelt zu lösen.`"* (BG2, Z. 38ff) Sie nennt als weiteren Grundsatz, das Verhalten ihrer Klienten nicht moralisch zu beurteilen und nicht zu versuchen, die Klienten ändern zu wollen. *„Also das ist wirklich spannend, wenn ich das nicht moralisch einordne, kategorisiere oder beurteile, sondern nur forsche was ist hier und was will hier sein und was darf hier nicht sein [...]"*

(BG2, Z. 246ff) *„So meine Grundeinstellung ist, glaube ich, sehr die der Gestalttherapie. Also da habe ich tatsächlich, das glaube ich, gelernt oder so (.) übernommen. Die liegt mir total am Herzen und die finde ich so total augenöffnend, ja. Nicht irgendwie zu versuchen, den Klienten in irgendeiner Art zu ändern, weil ich meine, dass das besser ist oder damit er wieder funktioniert in der Gesellschaft."* (BG2, Z. 465ff) Aus ihren Aussagen geht außerdem hervor, dass sie eine negative Resonanz von den Klienten bekommt, wenn sie eigene Vorstellungen für den geeigneten Lösungsweg ihrer Klienten entwickelt und diese mitteilt (BG2, Z. 138ff).

Aussagen, in denen der eigene Lösungsweg der Klienten in den Vordergrund gesetzt wird, werden in ähnlicher Form von allen befragten Beraterinnen (n=5) genannt. *„Da hilft halt auch diese klientenzentrierte Sicht, also, dass man sich selber halt auch zurücknimmt und sagt: ´Ok, das ist der Prozess des Klienten oder der Klientin` und ähm, da fällt es relativ leicht, muss ich sagen (.) ja, nicht zu projizieren, sozusagen, sondern einfach dabeizubleiben, was macht er oder sie und wie kann ich dabei unterstützen, sozusagen."* (BI2, Z. 183ff und BG1, Z. 129ff)

Eine Beraterin betont, dass sie ihren Klienten nie von eigenen Erfahrungen berichten würde und nie Ratschläge geben würde, *„[...] damit die Lösung sozusagen aus der Person heraus entstehen kann."* (BI1, Z. 36). Dadurch haben die Klienten, nach den Aussagen der Beraterin, Raum eigene, für die Beraterin teilweise überraschende, Lösungswege zu entwickeln. *„[...] weil einerseits bieten die selber dann immer Lösungen an, wo ich immer denke: ´Super, auf die Idee wäre ich gar nicht gekommen.` Das heißt wenn ich denen meine Lösung gegeben hätte, dann wäre es total doof gewesen, das heißt dieser Prozess, auch wie ich arbeite, nämlich den auf seine Idee kommen zu lassen, ähm, der ist total toll und spannend [...]."* (BI1, Z. 223ff)

Zwei Beraterinnen setzen ihrer Akzeptanz klare Grenzen. Eine Befragte (BG2) berichtet Beratungen in Ausnahmefällen abzubrechen, *„[...] wenn jemand wirklich nicht bereit ist sein Ego irgendwie mal im Zaum zu halten, so das wäre für mich auch ein Grund, so, ne, dann habe ich keinen Bock mehr."* (BG2, Z.404ff) Eine andere Befragte (BS1) berichtet reflektiert, welche Klientengruppen sie aus persönlichen Gründen nicht beraten kann, da ihr die Akzeptanz für deren Verhalten fehlt (BS1, Z. 98ff).

Werden die Aussagen der Befragten zusammengefasst, zeigt sich eine hohe Akzeptanz gegenüber der derzeitigen Situation der Klienten und vor ihren Lösungsversuchen.

Keine Erwartungen gegenüber den Klienten (K13)

Die Kategorie *Keine Erwartungen gegenüber den Klienten* bezieht sich auf alle Aussagen, aus denen hervorgeht, dass die Beraterinnen keine Erwartungen und Wünsche gegenüber ihren Klienten haben. In diese Kategorie werden zusätzlich alle Aussagen aufgezählt, in denen das Merkmal nicht vorhanden ist.

Die Auswertung der Textstellen zeigt, dass alle Befragten Wünsche und Erwartungen gegenüber ihren Klienten formulieren. Zwei Beraterinnen weisen auf die Frage nach ihren Wünschen und Erwartungen darauf hin, dass sie eigentlich ohne Erwartungen in die Beratung gehen möchten, dennoch formulieren sie Wünsche. *„Ähm, der Pädagoge sagt natürlich in mir: 'Nein, natürlich nicht`. (.) Doch natürlich gibt es die [...].“* (BI1, Z. 250) *„Ja also erst mal natürlich nicht, die sollen erst mal kommen und, ähm, allerdings [...].“* (BG2, Z.56)

Zusammenfassend beziehen sich die Erwartungen, die die Beraterinnen gegenüber den Klienten nennen, auf eine offene und ehrliche Haltung in der Beratung (BG2, Z.56f), die Bereitschaft an sich zu arbeiten und die eigene Situation zu reflektieren (BS1, Z. 91f, BI2, Z. 368, BI2, 375f), die Bereitschaft die Verantwortung für seine Situation zu übernehmen (BG2, Z. 70, BS1, Z. 72), das Respektieren von Distanzsignalen der Beraterin sowie das Einhalten von Verabredungen (BI1, Z. 250f, BI2, 378).

Drei Beraterinnen (BI1, BI2, BG2) betonen jedoch, dass sie nicht enttäuscht sind, wenn ihre Erwartungen von den Klienten nicht erfüllt werden. *„[...] aber (2) von enttäuschten Erwartungen, das ist, äh, das liegt mir tatsächlich so ein bisschen fern, also so die Grundsachen erwarte ich eben [...].“* (BI1, Z. 268ff)

Eine Befragte weist darauf hin, dass sie, sollten die formulierten Wünsche nicht erfüllt werden, eine Beratung für einzelne Klienten auch ablehnen würde. *„Solche Klienten würde ich nach der zweiten, dritten Sitzung ablehnen zu nehmen, die mit mir nicht auf die Metaebene gehen wollen und mit mir irgendwie rangeln müssen oder (2) da stehe ich nicht zur Verfügung für.“* (BS1, Z. 83ff)

Die zusammenfassende Betrachtung aller Aussagen zeigt, dass sich Wünsche und Erwartungen an die Klienten in den Aussagen aller befragten Beraterinnen finden. In den meisten Fällen wird ein Nichterfüllen der Wünsche und Erwartungen jedoch akzeptiert.

Bewertungsfreie Reflexion der Beraterin (K14)

Dieser Kategorie werden alle Aussagen zugeordnet, aus denen hervorgeht, dass die Beraterinnen eine bewertungsfreie Reflexion ihrer Arbeit vornehmen und ihr Verhalten nicht kategorisieren („Das habe ich gut gemacht, „Das habe ich schlecht gemacht“) und nicht in „Grübeleien“ verfallen.

Alle befragten Beraterinnen beschreiben positive Gefühle nach dem Beratungsgespräch zu empfinden, wenn dieses, nach ihrem Empfinden, gut verlaufen ist. *„Klar, aber so danach war ich ganz zufrieden ((lacht)).“* (BG2, Z. 134) *„Ich bin schon auch stolz, wenn etwas gelungen ist. Das kann ich schon sagen. Doch da bin ich schon stolz, wenn ich Menschen unterstützen konnte. Ich denke, dass ich meine Arbeit gut mache. Das denke ich schon und es* *gibt auch Sachen, wo ich manchmal das Gefühl habe, das war jetzt irgendwie nicht das Gelbe vom Ei, aber ich finde es auch gut, dass ich das dann sagen kann."* (BS1, Z. 253ff) Die Befragten beschreiben auch negative Gefühle zu empfinden, nachdem eine Beratung für sie weniger gut gelaufen ist. *„Manchmal freue ich mich sehr über bestimmte Stunden und manchmal bin ich natürlich auch frustriert."* (BG2, Z. 437ff)

Die Auswertung der Interviews zeigt jedoch, dass die Beraterinnen in der Lage sind ihre Arbeit und diesbezügliche Gefühle reflektieren zu können. Aus der Zusammenfassung der Aussagen der Beraterinnen, ergeben sich drei zentrale Arten der Reflexion: die selbstständige Reflexion, der Austausch mit Freunden und Familie und die berufliche Supervision. Bei allen befragten Beraterinnen findet eine selbstständige, gedankliche Reflexion statt, in der die Beraterin beispielsweise darüber nachdenkt, was sie hätte anders machen können (z.B. BG2, Z. 271ff) und ob das Gesagte an dieser Stelle wirklich sinnvoll war (z.B. BI1, Z. 420f). Vier der Befragten nehmen die Gedanken über die Arbeit, in besonderen Fällen, mit nach Hause, erleben dies aber nicht in jedem Fall als Belastung. *„Ich denke oft über die Arbeit nach, ja. Das erlebe ich aber nicht als belastend."* (BG2, Z. 256) Lediglich eine Befragte betont, zu Hause nicht mehr über ihre Arbeit nachzudenken, was, ihrer Aussage nach, das Ergebnis von vielen Jahren Berufspraxis ist. (BS1, Z. 229ff) Sie betont in diesem Zusammenhang, überzeugt zu sein, *„[...] dass man die Dinge in dem Moment macht, so gut man es kann und wenn manchmal was nicht gelingt, dann ist es auch ein bisschen größenwahnsinnig sich über sich zu ärgern nach dem Motto: 'Ich hätte es noch besser gekonnt.` Das ist ja auch ein bisschen, selber sich zu erhöhen. Das habe ich glaube ich nicht."* (BS1, Z. 277ff)

Nahezu alle befragten Beraterinnen (n=4) berichten, regelmäßig mit Freunden oder ihrem Partner, über ihre Arbeit zu sprechen, besonders wenn sie eine Beratung länger beschäftigt (z.B. BG2, Z. 437ff, BI2, Z. 491ff, BG1, Z. 72, BS1, Z. 229ff). Auch die berufliche Supervision wird als Möglichkeit die eigene Arbeit zu reflektieren von vier der befragten Beraterinnen genannt (z.B. BI2, Z.174ff, BS1, Z. 30f, BG1, Z.76).

Für die selbstständige Reflexion der Arbeit nutzen zwei Beraterinnen (BI1, BI2) die Methode der Introvision. *„Wenn ich das Gefühl habe, irgendwas stört mich noch am Verlauf oder an irgendwas, was passiert ist, dann versuche ich halt darüber nachzudenken: 'Was war das jetzt eigentlich?` Und dann nutze ich halt auch automatisch die Methode der Introvision und denke darüber nach: 'Was hat mich daran eigentlich gestört? Was war eigentlich das Problem und was ist der Kern dessen?`"* (BI2, Z. 507ff) *„Das kommt auch mal vor (.), dass man nicht optimal reagiert hat, klar [...]. Ich muss schon sagen, das hält dank Introvision nicht lange an, also ich gucke das dann einmal kurz an, auch bewusst und frage mich dann, was daran jetzt wirklich so schlimm war."* (BI1, Z. 439ff)

Die Aussagen der Beraterinnen sprechen für die Fähigkeit einer bewertungsfreien Reflexion ihrer Arbeit, die auf drei unterschiedliche Weisen stattfindet: Als selbstständige Reflexion (beispielsweise mit Hilfe der Introvision), im Austausch mit Freunden und Familie und im Rahmen der beruflichen Supervision.

Ausweitung der Achtsamkeit von „innen" nach „außen" (K15)

Die Aussagen der Kategorie *Ausweitung der Achtsamkeit von „innen" nach „außen"* beziehen sich auf die Fähigkeit der Beraterin, ihren achtsamen Bewusstseinszustand auf ihre Klienten auszuweiten. Das kann sich dadurch ausdrücken, dass sie als Vorbild wahrgenommen wird. Da die Auswirkungen der Achtsamkeit sich indirekt und oft nicht sichtbar auf die Beratungssituation und die Klienten auswirken, ist diese Kategorie schwer durch die Aussagen der Beraterinnen zu erfassen.

Eine befragte Beraterin beschreibt den positiven Effekt, den ihre Haltung auf ihre Klienten hat. *„Ich glaube diese, meine Art nicht schulmeisterhaft zu sein, sondern, ich bin wirklich interessiert an dem, was da passiert, war offensichtlich für ihn einladend genug, als dass er sich, (.) ich fand ihn total offen, also das hat mich richtig berührt."* (BG2, Z. 107ff)

Sie beschreibt, wie ihre Haltung dazu führt, dass ihre Klienten ihr Inneres zeigen können. *„Sie hat ihre eigene Verzweiflung und ihr eigenes Inneres so zeigen können und er auch und (.) das hat, vermute ich mal, auch etwas damit zu tun, dass ich da eine gewisse Einladung irgendwie versprühe, ja. Und das finde ich, diese Offenheit, wenn die da sein darf, das finde ich schon mal einen großen Erfolg."* (BG2, Z. 113ff)

Positive Gefühle gegenüber den Klienten (K16)

Der Kategorie *Positive Gefühle gegenüber den Klienten* werden alle Aussagen zugeordnet, in denen die Beraterin die Gefühle, mit denen sie ihren Klienten in der Beratung begegnet, als positiv beschreibt.

Die Auswertung der Interviews zeigt, dass alle befragten Beraterinnen (n=5) den Klienten zunächst positive Gefühle entgegenbringen. Die Beraterinnen beschreiben ihre Gefühle als *freundlich, aufgeschlossen, annehmend* (BI2, Z. 340f), *mitfühlend,* (BI1, Z. 180f, BI2, Z. 461f), *herzöffnend* (BS1, Z. 58), *offen, positiv, wohlwollend* (BG1, Z. 18f) *und neugierig* (BS1, Z. 5ff). Eine Beraterin (BG1) bezeichnet die Fähigkeit, jedem Klienten zunächst mit einer positiven Haltung zu begegnen, als Grundlage ihren Beruf ausüben zu können (BG1, Z. 243ff).

In mehreren Aussagen wird deutlich, dass die positiven Gefühle für die Klienten auch Grenzen haben. Eine Befragte (BS1) weist darauf hin, dass die Gefühle auf den Raum und die Zeit der Beratung begrenzt sind. *„Das ist wirklich auf den Raum begrenzt und auf die Zeit begrenzt und auf den Moment der Begegnung begrenzt aber nicht sozusagen umfassender."* (BS1, Z. 328ff). Außerdem wird deutlich, dass die Gefühle nicht für jeden Klienten gleich stark empfunden werden. *„Es gibt ganz verschiedene Ebenen. Bei manchen ist es so, das Herz aufgehen zu sehen, wie tapfer manche Menschen mit ihrem Schicksal umgehen, wenn sie eine Behinderung haben oder dass ich auch so einen Respekt bekomme vor dem Weg und vor den Lösungsversuchen."* (BS1, Z. 303ff) Die Beraterin beschreibt weiterhin, dass diese Gefühle in besonderen Fällen nicht aufkommen oder verschwinden. *„[...] wenn es irgendeine Form von einem Kontakt geben kann und (.) ja und das geht eben nicht, wenn jemand so aggressiv mit mir wird, also dann geht mir nicht das Herz auf, dann muss ich mich verschließen, dann muss ich mich schützen, dann muss ich mich abgrenzen, dann ist davon nichts, aber wenn ich mitschwingen darf, wenn ich Anteil nehmen darf, dann geht mir schon auch das Herz auf."* (BS1, Z. 309ff)

In mehreren Aussagen wird das Thema Nähe und Distanz zu den Klienten thematisiert und betont, wie wichtig es ist, sich abgrenzen zu können und nicht *„mitzuleiden"* (z.B. BI2, Z. 482ff, BI1, Z. 180f).

Zusammenfassend kann festgehalten werden, dass alle befragten Beraterinnen ihren Klienten zunächst mit einer positiven Haltung begegnen. Es wird aber deutlich, dass, bei den meisten Befragten, die positiven Gefühle auf die Zeit und den Raum der Beratung und auf ihnen sympathische Klienten begrenzt sind.

Liebe für die Klienten (K17)

Alle Aussagen, in denen die Beraterin die Gefühle, die sie für ihre Klienten empfindet, als Liebe bezeichnet, werden der Kategorie *Liebe für die Klienten* zugeordnet. Zusätzlich werden zusammenfassend die Aussagen dargestellt, in denen das Merkmal *Liebe für die Klienten* nicht vorhanden ist.

In Bezug auf das Thema Liebe gehen die Aussagen der befragten Beraterinnen deutlich auseinander. Lediglich eine befragte Beraterin (BG2) bezeichnet die Gefühle ihren Klienten gegenüber als Liebe. *„Das würde ich sagen schwankt zwischen Forschungsinteresse, aber es ist eigentlich, ich will nicht anmaßend sein, aber ich würde eigentlich Liebe sagen. Also auch diese Neugierde, Forschen (.) ist fast so was wie Liebe. Also, ähm, ja das ist fast wie, es entsteht fast unweigerlich so eine Art Liebe, Zuneigung, wenn jemand bereit ist, das, was sowieso da ist, da sein zu lassen. E g a l, was es ist, auch wenn es Hass ist, aber wenn jemand da so bereit ist, sich das anzuschauen, das macht sofort das Herz auf. Deswegen würde ich es als so eine Art Liebe bezeichnen."* (BG2, Z. 411ff)

Nahezu alle befragten Beraterinnen (n=4) grenzen sich deutlich von dem Gefühl Liebe ab. *„[...] aber ne Liebe (.), ne, das ist nicht mein Begriff, also wenn sie das sagen, da sträubt es sich in mir richtig ((abweisende Geste)) (lacht). Das kann ich für Freunde empfinden, für meine Familie aber für meine Klienten, ich hab die gern oder ich schätze die als Menschen, aber es ist nicht etwas, was ich als Liebe bezeichnen würde."* (BI1, Z. 217ff). Als weitere

Gründe für diese deutliche Abgrenzung werden genannt, dass ihnen Liebe *„zu weit geht"* (BI2, Z. 473ff, BS1, Z.316f), dass das Gefühl Liebe für Freunde und Familie reserviert ist (BG1, Z. 302f, BG1, Z. 278f) und dass es die benötigte Abgrenzung zwischen Beraterin und Klient erschwert. *„Ich würde nicht von Liebe sprechen, weil Liebe ist für mich ein verbindendes, so ein übergreifendes Gefühl, also so eins, wo wir in eine Verbindung zueinander gehen, so wie wenn zwei Kreise sich überschneiden."* (BI1, Z. 186ff)
Die Zusammenfassung aller Aussagen der Beraterinnen zeigt, dass lediglich eine Befragte die Gefühle, die sie gegenüber ihren Klienten empfindet als Liebe bezeichnet, während sich alle anderen Befragten (n=4) deutlich von dem Begriff Liebe abgrenzen.

Achtsamkeitsübungen (K18)

Die Kategorie *Achtsamkeitsübungen* umfasst alle Aussagen, die zeigen, dass die Beraterin ihren Klienten Achtsamkeitsübungen vermittelt, die diese selbstständig, auch außerhalb der Beratung, anwenden können.

Die Auswertung der Interviews bezüglich der Achtsamkeitsübungen für die Klienten zeigt, dass zwei Beraterinnen (BI1, BI2) ihren Klienten grundsätzlich Methoden an die Hand geben, die diese auch im Alltag verwenden können. *„[...] dann erarbeiten wir Methoden zur Lösung und dann gibt es eine Phase des Etablierens in den Alltag."* (BI1, Z. 82f) *„Wenn ich Introvisionsberatung mache, dann ist es so, dass dieser Verlauf, den ich gerade beschrieben habe, in diesem kompakten Teil, sehr stark davon geprägt ist, dass ich dem die Methode erst mal beibringe und, dass wir dann eben Introvisionsberatungsgespräche, wirklich im klassischen Sinne, führen."* (BI1, Z.109ff)

Die Methode, in der die Beraterinnen ihre Klienten schulen, ist die Methode der Introvision und umfasst das konstatierende Beobachten der eigenen Gedanken und Gefühle. *„Ich gebe immer Hausaufgaben mit und die Hausaufgabe ist einen bestimmten Satz zu konstatieren oder bestimmte Gefühle zu konstatieren (.) oder mit den Gefühlen zusammenhängende Gefühle oder Erinnerungen."* (BI2, Z. 112ff)

Die Beraterinnen betonen in diesem Zusammenhang die Bedeutung der Durchsichtigkeit der Methode und das grundsätzliche Prinzip, ihre Klienten darüber aufzuklären, wie sie bei der Problemlösung vorgegangen sind *„[...] dass dem das Prinzip klar wird und somit später, auch für spätere Problemfälle, die die Kompetenz mitnehmen, [...] das auch in Zukunft vielleicht alleine lösen zu können."* (BI1, Z. 45ff)

Die Auswertung der Interviews zeigt, dass die beiden Beraterinnen aus dem Bereich der Introvision ihre Klienten in Methoden zur Erhöhung der Achtsamkeit schulen. Das Erlernen von Praktiken zur Schulung von Achtsamkeit kann bei den anderen Befragten nicht generell ausgeschlossen werden, scheint aber kein fester Beratungsbestandteil zu sein.

9. Diskussion der Ergebnisse

Im Folgenden werden die in Kapitel 8 dargestellten Ergebnisse im Hinblick auf die Fragestellung der vorliegenden Untersuchung interpretiert und diskutiert.

1) *Welche Dimensionen von Achtsamkeit lassen sich in Beratungsprozessen finden, die keine explizite Achtsamkeitsorientierung haben?*
2) *Welche Rückschlüsse können auf die untersuchten Beratungsansätze (Gestaltberatung, Systemische Beratung und Introvisionsberatung) gezogen werden?*

Um mögliche Erklärungsmuster für die gefundenen Ergebnisse zu erarbeiten, werden die theoretischen Konzepte aus dem ersten Teil der Arbeit herangezogen. Die Diskussion gliedert sich nach den Dimensionen von Achtsamkeit, denen die, in der Inhaltsanalyse entwickelten Kategorien, zugeordnet wurden. Bei dem Bezug von Achtsamkeit und ihren einzelnen Dimensionen zu den untersuchten Beratungsansätzen ist zu beachten, dass die Befragten, trotz einer Hauptberatungsrichtung, zusätzlich durch weitere Qualifizierungen beeinflusst sind. So haben die beiden befragten Introvisionsberaterinnen zusätzlich eine Ausbildung zur Kommunikationspsychologin nach Schulz von Thun absolviert, die Systemische Beraterin ist unter anderem ausgebildet in Gesprächs- und Körperpsychotherapie und eine der Gestaltberaterinnen hat an Fortbildungen im Bereich Systemischer Familienarbeit teilgenommen. Diese und möglicherweise weitere Einflüsse und Erfahrungen spielen eine Rolle bei der Entwicklung der individuellen Beraterpersönlichkeit. Alle Beraterinnen führen ihre Tätigkeit nicht im institutionellen Rahmen, sondern selbstständig aus. Dies führt zu einer zusätzlichen Freiheit in der Ausgestaltung des Beratungsprozesses. Bei der vorliegenden Untersuchung handelt es sich um ein exploratives Verfahren, es können also keine allgemeingültigen Aussagen getroffen werden. Die Diskussion der Ergebnisse erfolgt auf rein hypothetischer Basis.

9.1 Fokussierte Aufmerksamkeit

Die Dimension *Fokussierte Aufmerksamkeit* beschreibt die bewusste Entscheidung, die eigene Aufmerksamkeit auf die Klienten und den jetzigen Moment in der Beratung auszurichten, ohne gedanklich mit anderen Dingen beschäftigt zu sein.

Die Auswertung der Ergebnisse hat gezeigt, dass alle Befragten Phasen der Aufmerksamkeit und Präsenz in der Beratung erleben. Teilweise führen die Beraterinnen die Aufmerksamkeit bewusst her, beispielsweise durch ein inneres „Leermachen" oder die Methode der Introvision. Diese bewusste Herbeiführung findet besonders dann statt, wenn die Beraterinnen einen „schlechten Tag" haben. Größtenteils stellt sich die Aufmerksamkeit jedoch automatisch in der Beratungssituation ein oder läuft unterbewusst ab und parallel zu einer organisatorischen Vorbereitung. Eine Beraterin (BS1) beschreibt den Zustand der präsenten Aufmerksamkeit als Teil ihrer Grundhaltung. Die bewusste Herbeiführung von Aufmerksamkeit und Präsenz scheint also keine generelle Voraussetzung für die meisten der befragten Beraterinnen (n=4) zu sein, sondern eher etwas, was sich automatisch einstellt. Möglich ist auch, dass die Aufmerksamkeit für die Klienten als selbstverständlich aufgefasst wird, die keine zusätzliche Intentionalität benötigt, unabhängig davon, ob sie in jeder Beratung hergestellt und vor allem gehalten werden kann.

Mit Blick auf die Beratungstradition, aus der die jeweiligen Beraterinnen kommen, lassen sich folgende mögliche Rückschlüsse ziehen. Beide Introvisionsberaterinnen beschreiben eine mentale Vorbereitung mit Hilfe des Konstatierend Aufmerksamen Wahrnehmens (KAW) an Tagen, an denen sie sich nicht fit fühlen. Hierbei werden Kognitionen, z.B. Gedanken oder Gefühle bewertungsfrei mit einer weitgestellten Aufmerksamkeit beobachtet (vgl. Wagner 2007: 135). Die Methode des Konstatierend Aufmerksamen Wahrnehmens (KAW) zeigt damit deutliche Parallelen zur Achtsamkeit, besonders in Bezug auf die fokussierte Aufmerksamkeit und das bewertungsfreie und akzeptierende Beobachten aller Gedanken, Gefühle und Sinneseindrücke.

Aus der Systemischen Beratung hat sich keine eigene Tradition der Aufmerksamkeitshaltung entwickelt, da sie sich in Bezug auf ihre Grundhaltung anderer Traditionen bedient. Die befragte Systemische Beraterin hat jedoch deutlich einen präsenten und aufmerksamen Zustand beschrieben (BS1, Z. 204f) und diesen als Teil ihrer Grundhaltung benannt (BS1, Z. 209f).

In der Darstellung der Ergebnisse konnte gezeigt werden, dass die Beraterinnen äußere Sinneseindrücke während der Beratung im Hintergrund wahrnehmen, ohne sich von diesen ablenken zu lassen. Diese Form der Aufmerksamkeit könnte als *weite Aufmerksamkeit* nach Perls (1978, 1981) interpretiert werden, die allgegenwärtig präsent und nicht lokal ist (vgl. Hartmann-Kottek 2013: 25). Die Beschreibungen der Beraterinnen über die Aufmerksamkeit ihrer Klienten, die während der Beratung laute Umgebungsgeräusche nicht wahrnehmen, da sie sich tief in ihren Emotionen befinden, könnte als *enge Aufmerksamkeit* nach Perls interpretiert werden. Diese konzentrierte Bewusstseinseinengung ist scharf und unverzerrt und auf die auftauchenden Figuren gerichtet, wie beispielsweise Gefühle und Emotionen (vgl. Gremmler-Fuhr 2001: 381). Als richtungsweisend für die Bewusstseinshaltung der Therapierenden sieht Perls den *mittleren Modus*, der flexibel ist und beide Formen der Aufmerksamkeit verbindet, indem die Aufmerksamkeit sowohl auf Einengung als auch auf Weitung gestellt werden kann. Diese Haltung ist ein Zustand ohne innere Dialoge und ein Zustand kreativer Spontanität und Schöpfung, der zusätzlich mit einer Intentionalität verbunden ist (vgl. ebd.: 383).

Die Ergebnisse sprechen dafür, dass die Beraterinnen in der Beratung zwischen *weiter* und *enger Aufmerksamkeit* wechseln und sich damit teilweise in dem *mittleren Modus* befinden, auch wenn sie dieses nicht explizit benennen. Inwieweit dieser Wechsel der Aufmerksamkeitszustände während der Beratung von einer Intentionalität begleitet ist, lässt sich im Rahmen dieser Untersuchung nur schwer beantworten. Eine Schwierigkeit in der Untersuchung besteht darin, die Intentionalität der Aufmerksamkeitsformen generell zu bestimmen, da es sich bei der Aufmerksamkeit um einen inneren Prozess handelt, der nicht nur schwer in Worte zu fassen ist, sondern vielen Beraterinnen möglicherweise nicht bewusst ist. Die Methode des problemzentrierten Interviews brachte außerdem mit sich, dass den Interviewten das Thema der Untersuchung nicht bekannt war, um keine verzerrten Ergebnisse zu erhalten und einen möglichst authentischen Einblick in die Beratungspraxis zu erhalten. Von einer bewusst herbeigeführten Aufmerksamkeit als Voraussetzung für die Beratung kann hier also nicht generell gesprochen werden.

9.2 Hier und Jetzt

Die Dimension *Hier und Jetzt* bezieht sich auf die Bedeutung des jetzigen Moments in der Beratung. Ein achtsamer Bewusstseinszustand kann sich lediglich mit einem Fokus auf den jetzigen Moment entwickeln. Gelingt dies in der Beratung, bedarf es keiner Vorbereitung und keiner Zielsetzung, da die Probleme der Klienten im passenden Moment an die Oberfläche kommen. Ebenso kommen der Beraterin, in Verbindung mit einem innerlich stillen und achtsamen Bewusstseinszustand, die geeigneten Worte und Methoden, um auf die Probleme der Klienten zu antworten. Ein möglicher Zugang zu dem jetzigen Moment geht über das Körperbewusstsein. Daher spricht eine Beratung, in der die Körperempfindungen mit einbezogen werden, für eine Beratung, die sich stark am Hier und Jetzt orientiert.

In der Darstellung der Ergebnisse hat sich bereits gezeigt, dass zwei Beraterinnen (BI1, BI2) in Bezug auf den gesamten Beratungsprozess und die Ausgestaltung der einzelnen Beratungssitzungen grundsätzlich einen formalen Ablauf haben, der von einer Zielfindung begleitet wird. Die drei anderen Befragten (BS1, BG1, BG2) handeln stärker aus dem Moment heraus. Alle Befragten betonen die Bedeutung der Klientenzentrierung. Auch die Beraterinnen, die nach einem bestimmten Ablauf vorgehen, betonen seine Flexibilität.

Die beiden Beraterinnen, die eher nach einem bestimmten Ablauf vorgehen, kommen aus der Introvision, während die Beraterinnen, die stärker aus dem Moment heraus handeln, aus der Gestaltberatung kommen. Die Systemische Beraterin lässt sich dazwischen anordnen. Aus ihren Aussagen geht hervor, dass sie im Vorhinein nicht weiß, was in der Sitzung passiert (BS1, Z. 206f), woraus sich schließen lässt, dass sie kein besonderes Vorgehen für die Beratung plant. Da sie dieses aber nicht als einen Grundsatz betont, kann nicht ausgeschlossen werden, dass sie gelegentlich Stunden vorbereitet. Ähnliche Tendenzen finden sich auch in Bezug auf die Vorbereitung der Beratungssitzung. Die Beraterinnen aus der Introvisionsberatung betonen, sich grundsätzlich auf ihre Sitzungen vorzubereiten und mit bestimmten Vorstellungen in die Beratung zu gehen. Die Gestaltberaterinnen betonen, ohne eine inhaltliche Vorbereitung und ohne bestimmte Vorstellungen in die Beratung zu gehen, um offen für die Klienten sein zu können. Auch aus den Aussagen der Systemischen Beraterin geht eine Orientierung am Hier und Jetzt hervor. Sie wird allerdings nicht als grundsätzliche Haltung bezeichnet. Die Ergebnisse sprechen also dafür, dass Rückschlüsse auf die jeweiligen Beratungsrichtungen gezogen werden können.

Der jetzige Moment wird besonders im Gestaltansatz betont. Perls (1981) spricht in diesem Zusammenhang vom Hier und Jetzt. Der gegenwärtige Ort und der jetzige Moment werden im Gestaltansatz als der Ort angesehen, an dem Veränderung geschieht (Hartmann-Kottek 2013: 27). In Bezug auf die geeigneten Techniken betont Perls außerdem, dass diese ausschließlich aus dem Jetzt heraus in der Beratung entstehen und sich Beratende und Therapierende nicht zuvor bereitgelegter Methoden bedienen sollten (vgl. Perls; Doubrawa 2004: 12). Die Achtsamkeitsdimension *Hier und Jetzt* lässt sich demnach als ein bedeutender Grundsatz in der Gestaltberatung wiederfinden. Die Betonung des Hier und Jetzt findet sich auch deutlich bei den beiden befragten Gestaltberaterinnen wieder.

Ohne Vorbereitung in die Beratung zu gehen und nicht zielgerichtet zu arbeiten widerspricht dem menschlichen Verstand und dem typischen zielgerichteten Vorgehen und stellt damit eine große Herausforderung dar. Um die Dimension des *Hier und Jetzt* in der Beratung ausleben zu können, bedarf es eines großen Vertrauens in den, sich aus dem Moment entwickelnden Beratungsprozess. Ebenso in den individuellen Lebens- und Leidensweg jedes Menschen, auf den auch die Beraterin letztendlich nur einen begrenzten Einfluss hat. Eine befragte Beraterin (BS1) beschreibt in diesem Zusammenhang ihre Demut und ihr wachsendes Bewusstsein dafür nur Beiträge leisten zu können und die Verantwortung ihren Klienten zu übergeben (BS1, Z. 247f). Es kann angenommen werden, dass sich diese Form „echter" Demut nicht in einer Beraterausbildung erlernen lässt und sich möglicherweise erst nach einigen Jahren Berufserfahrung einstellt. Außerdem lassen sich auch an dieser Stelle nur schwer Rückschlüsse auf einzelne Beratungsrichtungen ziehen.

Obwohl aus den Aussagen der Introvisionsberaterinnen (BI1, BI2) hervorgeht, dass der gesamte Beratungsprozess im Rahmen bestimmter Phasen abläuft und sehr strukturiert und zielgerichtet ist, findet in der einzelnen Beratungssitzung jedoch eine Fokussierung auf den jetzigen Moment statt. Besonders die Körperwahrnehmungen spielen auch in der Introvisonsberatung eine große Rolle. So finden Atemübungen und ein bewusstes Wahrnehmen des Körpers in der Beratung statt (BI2, Z. 71ff; BI1, Z.317ff).

Sowohl eigene Körperempfindungen als auch die Körperempfindungen der Klienten spielen bei allen befragten Beraterinnen eine Rolle (n=5). Vier Beraterinnen beschreiben, die Körperempfindungen ihrer Klienten regelmäßig in den Beratungsprozess mit einzubeziehen, indem sie diese beispielsweise auffordern, bestimmte Emotionen im Körper zu erspüren (z.B. BG2, Z. 333ff; BS1, Z. 156ff) oder indem sie eigene Körperempfindungen mitteilen und diese damit nutzbar für die Beratung machen (z.B. BS1, Z. 156ff). Auch das eigene Körpergefühl spielt für alle Befragten eine bedeutende Rolle, besonders das *„erden"* und *„in den Körper kommen"* wird vielfach beschrieben und betont (BI2, Z. 54ff; BI1, Z.317ff). Insgesamt lässt sich aus den Aussagen auf ein ausgeprägtes Körperbewusstsein aller befragten Beraterinnen schließen.

In der Gestaltberatung spielen Körperempfindungen und die Körperarbeit eine bedeutende Rolle, was sich bereits in der ganzheitlichen Ausrichtung, einer Körper-Geist-Dichotomie, ausdrückt. Zu den speziellen Techniken des Gestaltansatzes gehören der leere Stuhl, die dramatische Darstellung und die Körperarbeit (vgl. Wagner, Hinz 2009: 147). Auch aktionistische Methoden, die im Rahmen der Systemischen Beratung angewendet werden, beziehen den Körper und damit den jetzigen Moment in die Beratung mit ein, wie beispielsweise das Familienaufstellen. Hierbei werden Matten für bestimmte, nicht anwesende Menschen aufgestellt. Durch „Nachfühlen" bestimmter Beziehungsstrukturen soll Klarheit geschaffen werden. Ebenso ist an dieser Stelle die Aufstellung des inneren Teams mit Kärtchen, Figuren, Stühlen oder Personen zu nennen (vgl. Sautter 2009: 123f).

9.3 Beobachtung aller Gedanken, Gefühle und Sinneseindrücke

Die Dimension *Beobachtung aller Gedanken, Gefühle und Sinneseindrücke* bezieht sich zunächst auf das Erkennen eigener Gedanken, Gefühle und Sinneseindrücke, welches die Voraussetzung dafür ist, die Gedankenkonstrukte zu erkennen, die das eigene Handeln antreiben. Denn erst wenn die eigenen Gedanken und Gefühle als solche erkannt werden, ist es möglich sich von ihnen zu lösen und damit auch von spontanen und automatisierten Reaktionen sowie Identifikationen. Hier spielt besonders das Unterbrechen des, von Kabat-Zinn (2008) beschriebenen, Autopilotenmodus der Gedanken eine Rolle, der dem umgangssprachlichen „Grübeln" gleichkommt.

Die Ergebnisse haben bereits gezeigt, dass alle Beraterinnen sich eigener Gedanken und Gefühle während der Beratung bewusst sind und sich größtenteils von diesen distanzieren können. Als Methoden wurden beispielsweise *„sich zurücklehnen und Abstand nehmen"* (BG2, Z. 178ff), *„bewusst atmen"* und *„konstatieren"* (BI2, Z.208ff; BI1, Z. 305ff) genannt. Die Dimension *Beobachtung eigener Gedanken, Gefühle und Sinneseindrücke* ist demnach bei allen Beraterinnen stark ausgeprägt. Diese Fähigkeit ist dazu nötig, um sich von starken Identifikationen mit den Klienten oder spontanen Reaktionen zu lösen. Sie ermöglicht es in der Beratung aus einem stillen, achtsamen Raum heraus zu antworten und zu handeln. Besonders in der Introvisionsberatung spielt das Beobachten von Kognitionen, mit dem Ziel diese von damit verbundenen negativen Gefühlen von Erregung und Anspannung zu entkoppeln, im Rahmen des Konstatierend Aufmerksamen Wahrnehmens (KAW), eine große Rolle (vgl. Wagner, Iwers-Stelljes 2005: 20f). Dies unterstützen auch die Aussagen der beiden Introvisionsberaterinnen. Aus ihren Aussagen geht hervor, dass sie sich regelmäßig der Praxis des KAW bedienen, als Methode für ihre Klienten innerhalb der Beratung sowie als Methode der Selbstreflexion.

Aber auch in der Systemischen Beratung und in der Gestaltberatung wird betont, sich als Beraterin immer wieder auf die Metaebene zu begeben, um eigene Gedanken in der Beratung als solche zu erkennen und zu beobachten. Dies wird durch die Aussagen der Beraterinnen unterstützt (z.B. BS1, Z. 84; BG2, Z. 198f). Die Dimension *Beobachtung aller Gedanken, Gefühle und Sinneseindrücke* kann demnach bei allen befragten Beraterinnen als ausgeprägt interpretiert werden.

9.4 Vollkommene Akzeptanz

Die Dimension *Vollkommene Akzeptanz* bezieht sich sowohl auf eigene Gedanken und Gefühle während und nach der Beratung als auch auf die Akzeptanz der Klienten, ihrer Probleme und ihrer eigenen individuellen Lösungsversuche.

Akzeptanz in Bezug auf die Klienten ist in allen drei untersuchten Beratungsrichtungen eine grundlegende Beraterhaltung. Dieses spiegelt sich auch in den Aussagen der befragten Beraterinnen wider.

Grundsätzlich ist die Gestaltberatung von einer akzeptierenden und wertschätzenden Haltung geprägt, die sich auch in den Aussagen der Gestaltberaterinnen wiederfinden lässt. Die Befragten beziehen sich mehrfach auf die grundlegenden Beratervariablen von Carl. R. Rogers (2012): Empathie, Kongruenz und Akzeptanz, die im Rahmen der klientenzentrierten Therapie entwickelt wurden und darüber hinaus in vielen Beratungsansätzen Einzug gefunden haben.[19] Im Sinne Rogers ist allen Klienten mit einem einfühlenden Verstehen (Empathie), unbedingter Wertschätzung (Akzeptanz) und einer authentischen Haltung der Beratenden (Kongruenz) zu begegnen (vgl. Wagner, Hinz 2009: 138f).

Zu den Grundsätzen der Systemischen Beratung gehören in Anlehnung an Rogers (2012) die Neutralität und Allparteilichkeit der Beratenden sowie eine grundsätzlich akzeptierende Haltung. Da die systemisch Beratenden sich bewusst sind, dass sie mit ihrer Persönlichkeit auf die Klienten einwirken, sollten sie sich neutral und allparteilich verhalten. Sie bewerten also weder Verhalten, religiöse oder politische Orientierungen der Klienten, noch ergreifen sie Partei für die Klienten oder eine andere Seite. Eine neutrale und allparteiliche Haltung hilft den Beratenden nach Sautter (2009) einen freien Kopf für die Wirklichkeit der Klienten zu behalten und sich nicht im Sachverhalt, durch eine persönliche Sicht auf die Dinge, zu verstricken (vgl. Sautter 2009: 80f).

Die Wünsche und Erwartungen gegenüber ihren Klienten, die alle befragten Beraterinnen formulieren, beziehen sich auf eine offene und ehrliche Haltung in der Beratung (BG2, Z.56f), die Bereitschaft an sich zu arbeiten und die eigene Situation zu reflektieren (BS1, Z. 91f; BI2, Z. 368; BI2, 375f), die Bereitschaft die Verantwortung für die eigene Situation zu übernehmen (BG2, Z. 70; BS1, Z. 72), das Respektieren von Distanzsignalen der Beraterin sowie das Einhalten von Verabredungen (BI1, Z. 250f; BI2, 378). Die befragten Beraterinnen betonen jedoch, dass sie, sollten diese Erwartungen nicht erfüllt werden, nicht enttäuscht sind, was für eine akzeptierende Haltung spricht.

---

19 Weiterführende Literatur zur klientenzentrierten Gesprächspsychotherapie: Rogers, C. R (2012): *Die klientenzentrierte* Gesprächspsychotherapie. *Client-Centered Therapy.* (19. Auflage), Frankfurt am Main: Fischer Taschenbuch Verlag.

Bezüglich der Akzeptanz eigener Gefühle nach der Beratung zeigen die befragten Beraterinnen grundsätzlich eine hohe Fähigkeit der Selbstreflexion. Die Beraterinnen reflektieren ihre Arbeit selbstständig, zum Beispiel mit Hilfe der Introvision (BI1, Z. 439ff; BI2, Z. 507ff), gemeinsam mit Freunden und Familie (z.B. BG2, Z. 437ff; BI2, Z. 491ff) oder im professionellen Rahmen der Supervision (z. B. BI2, Z.174ff; BS1, Z. 30ff; BG1, Z.76). Die Aussagen sprechen für eine hohe Fähigkeit der Selbstreflexion bei allen befragten Beraterinnen.

Es kann insgesamt von einer hohen Ausprägung der Dimension *Vollkommene Akzeptanz* bei allen befragten Beraterinnen gesprochen werden, sowohl in Bezug auf die Klienten als auch im Umgang mit eigenem Denken und Verhalten.

9.5 Mitgefühl und Liebe

In einem Zustand vollkommener Akzeptanz gegenüber den Inhalten des jetzigen Moments und damit gegenüber dem Leben selbst, das sich ausschließlich im jetzigen Moment entfaltet, entspringt ein Gefühl von Liebe und Mitgefühl für das Leben und alle Lebewesen (vgl. Kabat-Zinn 2009: 108).

Aus den Aussagen der Befragten geht eindeutig hervor, dass die Beraterinnen sich von dem Begriff Liebe abgrenzen, dennoch betonen alle ihre Zugewandtheit und ihr Mitgefühl für die Klienten. Lediglich eine Beraterin bezeichnet ihre Gefühle gegenüber ihren Klienten als Liebe (BG2, Z. 411ff). Die vier anderen Beraterinnen beschreiben ihre Gefühle als *freundlich, aufgeschlossen, annehmend* (BI2, Z. 340f), *mitfühlend* (BI1, Z. 180f; BI2, Z. 461f), *herzöffnend* (BS1, Z. 58), *offen, positiv, wohlwollend* (BG1, Z. 18f) *und neugierig* (BS1, Z. 5ff). Trotz dieser Aussagen kann nicht ausgeschlossen werden, dass die Beraterinnen ihren Klienten mit Liebe begegnen. Möglicherweise begegnen sie ihnen mit einem ähnlichen Gefühl, das sie jedoch anders bezeichnen würden. Die starke Abgrenzung ist dennoch auffallend. Die eindeutige Abgrenzung von dem Begriff Liebe hängt möglicherweise mit den unterschiedlichen und oft starken Assoziationen zusammen, die häufig in Verbindung stehen mit einer körperlichen oder besitzergreifenden Form der Liebe. Zu vermuten ist, dass die unterschiedlichen Erfahrungen der Beratenden, die im Zusammenhang mit dem Begriff und Verständnis von Liebe stehen, unterschiedliche Reaktionen hervorrufen. Die befragten Beraterinnen betonen, dass das Gefühl Liebe für ihre Familie und ihre Freunde reserviert ist (BG1, Z. 302f; BG1, Z. 278f) und dass die genannten positiven Gefühle auf die Zeit und den Raum der Beratung begrenzt sind (BS1, Z. 328ff; BI1, Z. 152ff).

Besonders auffallend sind die zahlreichen Aussagen über unterschiedliche Gefühle zu den unterschiedlichen Klienten (z.B. BS1, Z. 303f).

Wird auch jeder Klient zunächst offen aufgenommen, so geht aus den Aussagen deutlich hervor, dass die positiven Gefühle verschwinden oder das Herz sich schließt, wenn die Klienten den Beraterinnen nicht sympathisch sind. Beispielsweise durch eine abweisende Haltung, wenig Einsicht oder aggressives Verhalten. *„[...] wenn es irgendeine Form von einem Kontakt geben kann und (.) ja und das geht eben nicht, wenn jemand so aggressiv mit mir wird, also dann geht mir nicht das Herz auf, dann muss ich mich verschließen, dann muss ich mich schützen, dann muss ich mich abgrenzen, dann ist davon nichts, aber wenn ich mitschwingen darf, wenn ich Anteil nehmen darf, dann geht mir schon auch das Herz auf."* (BS1, Z. 309ff) Diese Aussagen können als Hinweis darauf interpretiert werden, dass die Beraterinnen auf die negativen Gefühle ihrer Klienten antworten, indem sie sich beispielsweise innerlich abgrenzen und verschließen.

Aus den Aussagen der Befragten bezüglich einer liebenden Haltung im Beratungsprozess lassen sich unterschiedliche Ängste erkennen, die im Zusammenhang mit dem Begriff und Verständnis von Liebe stehen. Die Befragten formulierten in diesem Zusammenhang die Angst zu viel zu geben und mit den Klienten zu *„verschmelzen"* (BG1, Z. 302f), die Distanz zu den Klienten nicht einhalten zu können (BG1, Z. 304f) und die Angst sich selber zu verlieren (BI1, Z. 186ff).

Diese Aussagen können als Hinweis darauf interpretiert werden, dass hier nicht die Liebe gemeint ist, die Bestandteil einer achtsamen Haltung ist. Die Fähigkeit einer grundlegend liebenden und mitfühlenden Haltung im Beratungsprozess bei gleichzeitiger Akzeptanz eigener negativ erlebter Gefühle, stellt eine große Herausforderung für Menschen in beratenden und therapeutischen Berufen dar. Die mitfühlende und liebende Haltung ist jedoch ein bedeutender Teil, wenn nicht sogar das Ergebnis einer wahren achtsamen Haltung und darf als grundsätzliche Beraterhaltung nicht unterschätzt werden. In der Erfahrung für die Klienten im Beratungsprozess bedingungslos angenommen und mitfühlend geliebt zu werden, liegen bedeutende Möglichkeiten für den Heilungs- und Selbstwahrnehmungsprozess der Klienten sowie für die Übertragung auf die Beziehungen und Interaktionen in ihrem sozialen Umfeld. Die Aussagen einer Beraterin bezüglich der Ausweitung ihrer Achtsamkeit von innen nach außen, in der sie beschreibt, welchen Einfluss ihre liebende und akzeptierende Haltung auf einen Klienten hatte, unterstützen diese Vermutung (BG 2, Z. 113ff).

In diesem Zusammenhang ist die Betrachtung einer in der Erziehungswissenschaft neu aufkommenden Diskussion über die pädagogische Liebe interessant. Nachdem der Begriff der pädagogischen Liebe im Zusammenhang mit dem Wandel der geisteswissenschaftlich begründeten Pädagogik zu einer sozialwissenschaftlich konzipierten Erziehungswissenschaft verschwunden ist, taucht er in der gegenwärtigen Entwicklung wieder vermehrt auf [20] (vgl. Seichter 2007: 12).

Auch in den theoretischen Grundlagen der untersuchten Beratungsansätze ist der Begriff Liebe nicht zu finden, dennoch finden sich einzelne Aspekte, wie eine akzeptierende, wertschätzende und mitfühlende Haltung.

Von den Befragten sind die Introvisionsberaterinnen diejenigen, die den Klienten Achtsamkeitspraktiken an die Hand geben. Das Erlernen des Konstatierend Aufmerksamen Wahrnehmens (KAW), das als eine Achtsamkeitsübung interpretiert werden kann, ist fester Bestandteil der Introvisionsberatung. Dieses wird durch die Aussagen der zwei befragten Introvisionsberaterinnen bestätigt. Das Erlernen von Praktiken zur Schulung von Achtsamkeit kann in den beiden anderen Ansätzen, der Systemischen Beratung und der Gestaltberatung, nicht generell ausgeschlossen werden. Die Aussagen im Rahmen dieser Untersuchung liefern jedoch keinen Hinweis darauf, dass das Erlernen von Achtsamkeit ein fester Beratungsbestandteil ist.

---

[20] Weiterführende Literatur zur Entwicklung der pädagogischen Liebe in Pädagogik und Erziehungswissenschaft bei Seichter, S. (2007): *Pädagogische Liebe. Erfindung, Blütezeit, Verschwinden eines pädagogischen Deutungsmusters.* Paderborn: Verlag Ferdinand Schöningh.

10. Schlussfolgerung und Fazit

Zusammenfassend kann festgehalten werden, dass sich Dimensionen von Achtsamkeit auch in Beratungsprozessen finden, die keine explizite Achtsamkeitsorientierung haben. Die genaue Betrachtung der Untersuchungsergebnisse zeigt, dass sich einzelne Dimensionen von Achtsamkeit bei allen befragten Beraterinnen finden lassen. Die erste Voranname ist also bestätigt. Die Einbeziehung des theoretischen Hintergrundes der untersuchten Beratungsansätze zeigt, dass sich in den theoretischen Grundlagen aller drei untersuchten Beratungsrichtungen einzelne Dimensionen von Achtsamkeit wiederfinden.

Besondere Parallelen zeigen sich zwischen Achtsamkeit und den Aussagen der Gestaltberaterinnen und der Introvisionsberaterinnen. Besonders die Dimensionen *Beobachtung aller Gedanken, Gefühle und Sinneseindrücke* und *Vollkommene Akzeptanz* finden sich in der Introvisionsberatung wieder. Der Gestaltberatung scheint die Achtsamkeitsdimension *Hier und Jetzt* am nächsten zu sein, wobei auch die anderen Achtsamkeitsdimensionen stark ausgeprägt sind und sich theoretisch in den Grundlagen des Gestaltansatzes wiederfinden. Dafür sprechen auch die Aussagen der Befragten. Allgemeingültige Rückschlüsse auf alle praktizierenden Beratenden der jeweiligen Beratungsrichtung zu ziehen ist im Rahmen dieser Untersuchung nicht möglich.

In dieser Untersuchung konnte gezeigt werden, dass Praktiker unterschiedlicher Beratungsrichtungen einzelne Dimensionen von Achtsamkeit sowohl selber in der Beratung leben als auch als Technik an ihre Klienten weitergeben. Betrachten wir Achtsamkeit als eine innere Haltung, die erreicht ist, wenn alle aufgeführten Dimensionen vollkommen gelebt werden, so kann auch beim Auftreten einzelner Dimensionen in der Beratung, noch nicht von einer achtsamen Beratung generell gesprochen werden. Dennoch kann jede einzelne Dimension wertvoll für eine erfolgreiche Beratung sein.

Es ist anzumerken, dass es weniger um die einzelnen Techniken zur Schulung von Achtsamkeit geht, sondern vielmehr um den Bewusstseinszustand zu dem diese Techniken führen. Die einzelnen Techniken sind dabei nur das Sprungbrett, das zu einem dahinterliegenden Bewusstsein führt, sie dürfen nicht mit dem Bewusstsein selber verwechselt werden. Klassische buddhistische Lehrer warnen, dass der Finger, der auf den Mond zeigt, nicht mit dem Mond selber verwechselt werden sollte (vgl. Kabat-Zinn 2009: 114). Wichtig ist es, sich bei der Übung von Achtsamkeit von einem Ziel zu lösen (z.B. Heilung zu erfahren, besonders gute Übungserfolge zu erzielen etc.), da es mit einer achtsamen Haltung nicht darum geht irgendwo anzukommen oder irgendetwas in Ordnung zu bringen. In dieser inneren Haltung vollkommender Akzeptanz liegt ein großes Potenzial für Beratende und Klienten in Beratungsprozessen.

Dauber (2011) betont, dass Achtsamkeit nicht nur kognitive, sondern auch emotionale, soziale und ethische Dimensionen beinhaltet, die weit über unsere wissenschaftliche, psychologische Definition hinausgehen (Dauber 2011:11). Eine achtsame Haltung fordert uns heraus in dem jetzigen Augenblick zu verweilen, mit einer nicht reaktiven Geisteshaltung und einem offenen Herzen. Da es aber quasi unvermeidbar ist immer wieder in den Strom von konzeptionellen Gedanken und negativen Emotionen zu verfallen, bedarf es einer stetigen Übungspraxis und zwar sowohl auf Seiten der Beratenden als auch auf Seiten der Klienten. Die Voraussetzung einer achtsamen Beratung ist also zunächst der achtsame Bewusstseinszustand der Beratenden und nicht ausschließlich das Weitergeben einer Technik. Aus einer achtsamen Haltung heraus ist es möglich, sich komplett und authentisch auf die Klienten und den jetzigen Moment einzulassen. Die achtsame Haltung eröffnet einen Raum, der frei von konzeptionellen Gedanken ist und der inneren Weisheit der Klienten Raum lässt. In dieser achtsamen Haltung wird jeder Klient wahrgenommen und seinen individuellen Bedürfnissen durch Flexibilität, Offenheit und intuitivem Handeln Rechnung getragen.

Eine achtsame Haltung im Beratungsprozess fordert die Beratenden auf, Ziele loszulassen und sich dem Beratungsprozess im Moment hinzugeben. Achtsame Beratung bedeutet auch, über die einzelnen Achtsamkeitsdimensionen hinaus, eine gewisse Demut zu entwickeln und nicht zu versuchen, eine Hilfe sein zu wollen, da hinter dem Wunsch der Beratenden eine Hilfe sein zu wollen, möglicherweise egobetonte Motive liegen, wie z.B. Kontrolle zu haben oder gut sein zu wollen. Diese Motive wurzeln in einem nicht achtsamen Bewusstseinszustand, da sie sich aus dem Verstand entwickeln und damit oft vermischt sind mit eigenen Erfahrungen, Wünschen und Identifikationen. Gefordert ist hier Vertrauen und Akzeptanz des eigenen individuellen Lebensweges und der Eigenverantwortlichkeit jedes Menschen. Diese Haltung ist sicher eine große Herausforderung für Beratende, da sie dem grundlegenden Bedürfnis des Menschen nach Kontrolle und Planbarkeit widerspricht. Die Intuition spielt hier eine große Rolle.

Die Bedeutung der Intuition für den Beratungsprozess betonte auch schon Frederick Perls (1978, 1981), indem er auf die Gefahr bloßer Techniken hindeutete. Er spricht in diesem Zusammenhang von der Eingebung des Augenblicks. *„Ich akzeptiere niemanden als kompetenten Gestalttherapeuten, solange er noch Techniken benutzt. Wenn er seinen eigenen Stil nicht gefunden hat, wenn er sich selbst nicht ins Spiel bringen kann und den Modus (oder die Technik), die die Situation verlangt, nicht der Eingebung des Augenblicks folgend erfindet, ist er kein Gestalttherapeut."* (Perls 1985: 170).

Die Ergebnisse dieser Untersuchung sowie die Betrachtung der aktuellen Achtsamkeitsdiskussion legen es nahe im Rahmen weiterer Studien zum Verständnis und Nutzen von Achtsamkeit beizutragen. Die zukünftige Forschung sollte dabei zum einen an einer eindeutigen inhaltlichen und begrifflichen Verständigungsgrundlage von Achtsamkeit arbeiten und zum anderen die Wirkungsweisen von achtsamkeitsbasierten Interventionen in unterschiedlichen pädagogischen Kontexten in den Blick nehmen. Um den genauen Zusammenhang zwischen Achtsamkeit und unterschiedlichen Beratungsrichtungen darzustellen, könnte eine Triangulationsstudie durchgeführt werden, in der die qualitativen Aussagen aus den Interviews mit quantitativen Angaben ergänzt werden. Um allgemeingültige Aussagen treffen zu können, müsste außerdem eine größere Stichprobe genommen werden, so könnten die Dimensionen von Achtsamkeit zuverlässiger auf die jeweiligen Beratungstraditionen zurückgeführt werden. Darüber hinaus wäre es interessant noch weitere Beratungsansätze, im Hinblick auf das Vorhandensein von Achtsamkeitsdimensionen, zu untersuchen. Im Rahmen dieser Arbeit wurden exemplarisch drei Beratungsrichtungen untersucht, in denen Dimensionen von Achtsamkeit vermutet wurden.

In der theoretischen Untersuchung dieser Arbeit konnten die grundlegenden traditions- und theorieübergreifenden Achtsamkeitsdimensionen aufgezeigt werden. Achtsamkeit findet sich nicht nur in östlichen Traditionen, sondern auch in westlichen Philosophien wieder. Auch die Übertragung der Achtsamkeit in die psychologische Forschung und die zahlreichen Wirksamkeitsstudien weisen auf eine, auch zwischenmenschlich bedeutsame, innere Haltung der Umwelt- und Selbstwahrnehmung hin, deren Nutzen auch in Bereichen außerhalb von Beratung und Psychotherapie erforscht werden sollte. Besonders die Auswirkungen von achtsamkeitsbasierten Interventionen in pädagogischen Kontexten, wie beispielsweise in Schule und Erziehung, gilt es genauer zu erforschen, da sich auch in diesen Zusammenhängen wertvolle Potenziale vermuten lassen.

Literaturverzeichnis

Altner, N. (2006): *Achtsamkeit und Gesundheit. Auf dem Weg zu einer achtsamen Pädagogik.* Immenhausen: Prolog.

Altner, N. (2009): *Achtsam mit Kindern leben. Wie wir uns die Freude am Lernen erhalten.* München: Kösel.

Altner, N. (Hrsg.) (2012): *Achtsamkeit im Kindergarten. Wie das Miteinander gelingt.* Weinheim und Basel: Beltz.

Anderssen-Reuster, U. (Hrsg.) (2011): *Achtsamkeit in Psychotherapie und Psychosomatik: Haltung und Methode.* Stuttgart: Schattauer.

Baeza, R. (2009): *Die Topologie des Ursprungs: Der Begriff der Gelassenheit bei Eckhart und Heidegger und seine Entfaltung in der abendländischen Mystik und im zeitgenössischen Denken.* Berlin: LIT Verlag.

Bien, T. (2010): Die vier unermesslichen Gedanken. Vorbereitung darauf, in der Psychotherapie präsent zu sein. In: Hick, S. F.; Bien, T.: *Achtsamkeit in der therapeutischen Beziehung.* Freiburg: Arbor Verlag. S. 63-87.

Bishop, S. R.; Lau, M.; Shapiro, S.; Carlson, L.; Anderson, N. D.; Carmody, J. et al. (2004): Mindfulness: A proposed operational definition. In: *Clinical Psychology: Science and Practice* (11). S. 230-241.

Boeger, A. (2009): *Psychologische Therapie-und Beratungskonzepte. Theorie und Praxis.* Stuttgart: W. Kohlhammer.

Brunner, E. J. (2004): Systemische Beratung. In: Nestmann, F.; Engel, F.; Sickendiek, U.. *Das Handbuch der Beratung. Ansätze, Methoden und Felder.* (Band 2). Tübingen: dgvt Verlag. S. 655- 661.

Carson, J. W.; Carson, K. M.; Gil, K. M.; Baucom, D. H. (2004): Mindfulness-Based Relationship Enhancement. In: *Behavior Therapy* (35). S. 471-494.

Chiesa, A., & Serretti, A. (2009): Mindfulness-based stress reduction for stress management in healthy people: A review and meta-analysis. *Journal of Alternative and Complementary Medicine* (15). S. 593–600.

Christensen, A.; Atkins, D. C.; Yi, J.; Baucom, D. H.; George, W. H. (2006): Couple and individual adjustment for two years following a randomized clinical trial comparing traditional versus integrative behavioral couple therapy. In: *Journal of Consulting and Clinical Psychology* (74). S. 1180-1191.

Creswell, J. D.; Way, B. M.; Eisenberger, N.I.; Lieberman, M. D. (2007): Neural correlates of dispositional mindfulness during affect labeling. In: *Psychosomatic Medicine* (69). S. 560-565.

Dauber, H. (2009): *Grundlagen humanistischer Pädagogik. Leben lernen für eine humane Zukunft.* (2. völlig überarbeitete Auflage). Bad Heilbrunn: Julius Klinkhardt Verlag.

Dauber, H. (2010): *Achtsamkeit in der Pädagogik*. Vortrag Sommerakademie 2012, Amt für Lehrerbildung. Neue Lernkulturen in der Lehrerbildung: Achtsame Erfahrungen und biografische Reflexionen in kollegialen Netzwerken. Reinhardswaldschule Fuldatal. Verfügbar unter: http://www.heinrichdauber.de/uploads/media/Vortrag_RHWS.pdf (06.08.2015). S.1-17.

Dauber, H. (2011): *Fallstricke und Chancen von Achtsamkeitspraxis in pädagogischen Kontexten.* Vortrag am internationalen Kongress: Achtsamkeit-eine buddhistische Praxis für die Gesellschaft heute. Universität Hamburg. Verfügbar unter: http://www.heinrichdauber.de/uploads/media /Achtsamkeit_und_Paedagogik.pdf (06.08.2015). S.1-13.

Davidson, R. J. et al. (2003): Alterations in Brain and Immune Function Produced by Mindfulness Meditation. In: *Psychosomatic Medicine* 65 (4). S. 564-570.

Doubrawa, A. und E. (2004): *Frederick S. Perls. Was ist Gestalttherapie?* (2. Auflage). Wuppertal: Peter Hammer Verlag GmbH.

Eberwein, W. (2009): *Humanistische Psychotherapie. Quellen. Theorien und Techniken.* Stuttgart: Georg Thieme Verlag KG.

Engel, F.; Nestmann, F.; Sickendiek, U. (2004): Beratung-Ein Selbstverständnis in Bewegung. In: Engel, F.; Nestmann, F.; Sickendiek, U.: *Das Handbuch der Beratung: Disziplinen und Zugänge.* (Band 1). Tübingen: dgvt Verlag. S. 33-43.

Evans et al. (2008): Mindfulness based cognitive therapy for generalized anxiety disorder. In: *Journal of Anxiety Disorders* 22 (4). S. 716-721.

Flasch, K. (2010): *Meister Eckhart. Philosoph des Christentums.* München: C.H. Beck oHG.

Flaxman, P. E.; Bond, F. W. (2006): The Ability of Psychological Flexibility and Job Control to Predict Learning, Job Performance and Mental Health. In: *Journal of Organizational Behavior Management* (26). S. 1-2.

Flick, U. (2002): *Qualitative Sozialforschung. Eine Einführung.* (6.Auflage). Reinbek: Rowohlt.

Friedländer, S. (1981): *Schöpferische Indifferenz.* München: Ernst Reinhard Verlag.

Goldstein, J. (2004): *Ein Dharma: Buddhismus im Alltag*. München: Wilhelm Goldmann Verlag.

Gremmler-Fuhr, M. (2001): Grundkonzepte und Modelle der Gestalttherapie. In: Fuhr, R.; Milan, S.; Gremmler-Fuhr, M. (Hrsg.): *Handbuch der Gestalttherapie.* Göttingen [u.a.]: Hogrefe-Verlag. S. 345-392.

Grepmair, L. J.; Nickel, M. K (2007): *Achtsamkeit des Psychotherapeuten.* Wien [u.a.]: Springer.

Grossman, P.; Tiefenthaler-Gilmer, U.; Raysz, A.; Kesper, U. (2007): Mindfulness Training as an Intervention for Fibromyalgia: Evidence of Postintervention and 3-Year Follow-Up Benefits in Well-Being. In: *Psychother Psychosom* 76 (4). S. 226-233.

Hartmann-Kottek, L. (2013): *Gestalttherapie: Lehrbuch.* (3. vollständig überarbeitete Auflage). Berlin, Heidelberg: Springer.

Hayes, S. C.; Strosahl, K. D.; Wilson K.G. (2004): *Akzeptanz- und Commitment Therapie. Ein erlebnisorientierter Ansatz zur Verhaltensänderung.* München: CIP-Medien.

Heidenreich, T.; Michalak, J. (Hrsg.) (2009): *Achtsamkeit und Akzeptanz in der Psychotherapie. Ein Handbuch.* (3. Auflage). Tübingen: dgvt Verlag.

Heidenreich, T.; Michalak, J. (2009): Achtsamkeit und Akzeptanz in der Psychotherapie-Eine Einführung. In: Heidenreich, Thomas; Michalak, Johannes (Hrsg.): *Achtsamkeit und Akzeptanz in der Psychotherapie. Ein Handbuch.* (3. Auflage). Tübingen: dgvt Verlag. S.11-24.

Heidenreich, T.; Schneider R.; Michalak J. (2006): Achtsamkeit: Ein neuer Ansatz zur Psychotherapie süchtigen Verhaltens. In: *Sucht-Zeitschrift für Wissenschaft und Praxis* 52 (2). Göttingen: Verlag Hans Huber. S. 140-149.

Helfferich, C. (2011): *Dia Qualität qualitativer Daten. Manual für die Durchführung qualitativer Interviews.* (4. Auflage). Wiesbaden: VS Verlag für Sozialwissenschaften.

Iwers-Stelljes, T. A. (2008): *Gelassen und handlungsfähig. Das Qualifizierungsmodul Integrative Introvisionsberatung (QUIB) zum Erwerb von Selbst- und Sozialkompetenz im Pädagogikstudium.* Bad Heilbrunn: Verlag Julius Klinkhardt.

Jungclaussen E. (1974): *Aufrichtige Erzählungen eines russischen Pilgers.* Freiburg: Herder.

Kabat-Zinn, J. (1990): *Full catastrophe living: The program of the stress reduction clinic at the University of Massachusetts Medical Center.* New York: Delta.

Kabat-Zinn, J. (2008): *Zur Besinnung kommen: Die Weisheit der Sinne und der Sinn der Achtsamkeit in einer aus den Fugen geratenen Welt.* Freiamt: Arbor Verlag.

Kabat-Zinn, J. (2009): Achtsamkeitsbasierte Interventionen im Kontext: Vergangenheit, Gegenwart und Zukunft. In: Heidenreich, T.; Michalak, J. (Hrsg.): *Achtsamkeit und Akzeptanz in der Psychotherapie. Ein Handbuch.* (3. Auflage). Tübingen: dgvt Verlag. S.103-139.

Kaltwasser, V. (2010): *Persönlichkeit und Präsenz. Achtsamkeit im Lehrerberuf.* Weinheim: Beltz.

Kaltwasser, V. (2013): *Achtsamkeit in der Schule. Stille Inseln im Unterricht: Entspannung und Konzentration.* (2. Auflage) Weinheim und Basel: Beltz.

Kohls, N; Sauer, S. (2012): Evaluation der Pilotstudie „Achtsamkeit an Schulen“ (AISCHU). Verfügbar unter: http://www.vera-kaltwasser.de/downloads/aischustudienergebnisse_aischu_final-2.pdf (10.08.2015).

Kramer, G.; Meleo-Meyer, F.; Turner, M. L. (2010): Achtsamkeit in Beziehungen kultivieren. Der Dialog der Einsicht und das Programm: Zwischenmenschliche Achtsamkeit. In: Hick, S. F.; Bien, T.: *Achtsamkeit in der therapeutischen Beziehung.* Freiburg: Arbor Verlag. S. 275-302.

Krauß, W. (1983): Entstehungsgeschichte der Gestaltpädagogik. In: Prengel, A. (Hrsg.): *Gestaltpädagogik.* Weinheim: Beltz. S. 40-63.

Krishnamurti, J. (1999): *This light in oneself: True meditation.* Boston: Shambhala.

Lamnek, S. (2005): *Qualitative Sozialforschung.* (4. überarbeitete Auflage). Weinheim: Beltz.

Langer, A. (2010): Transkribieren-Grundlagen und Regeln. In: Prengel, A. (Hrsg.); Friebertshäuser, B.; Langer, A.: *Handbuch Qualitative Forschungsmethoden in der Erziehungswissenschaft.* (3. vollständig überarbeitete Auflage). Weinheim und München: Juventa Verlag. S.515-526.

Lao-tsu (1988): *Tao te ching.* New York: Harper.

Linehan, M. (1993): *Cognitive-behavioral treatment of borderline personality disorder.* New York: Guilford Press.

Lieberman, D.; Tooby, J.; Cosmides, L. (2007): The architecture of human kin detection. In: *Nature* (445) S. 727-731.

Mackenzie, C. S.; Poulin, P. A.; Seidman-Carlson, R. (2006): A brief mindfulness-based stress reduction intervention for nurses and nurses aides. *Applied Nursing Research* (19). S. 105-109.

Mahoney, M. J. (1995): *Cognitive and constructive psychotherapies theory, research and practice.* New York: Springer.

Manstetten, R. (2011): Gelassenheit. Selbstwahrnehmung und Achtsamkeit bei Meister Eckhart. In: Anderssen-Reuster, U. (Hrsg.): *Achtsamkeit in Psychotherapie und Psychosomatik: Haltung und Methode.* (2.Auflage). Stuttgart: Schattauer. S. 21-45.

Mayring, P. (2015): *Qualitative Inhaltsanalyse: Grundlagen und Techniken.* (12. überarbeitete Auflage). Weinheim und Basel: Beltz

Michalak, J.; Heidenreich, T.; Williams, J. M. G. (2012): *Achtsamkeit.* Göttingen: Hogrefe Verlag.

Michalak, J.; Meibert, P.; Heidenreich, T. (2008): Achtsamkeitsbasierte Kognitive Therapie zur Rückfallprophylaxe bei Depressionen. In: Anderssen-Reuster, U.: *Achtsamkeit in Psychotherapie und Psychosomatik. Haltung und Methode.* Stuttgart: Schattauer. S. 277-291.

Migge, B. (2007): *Handbuch Coaching und Beratung. Wirkungsvolle Modelle, kommentierte Falldarstellungen, zahlreiche Übungen.* (2. überarbeitete Auflage) Weinheim und Basel: Beltz.

Meister Eckehart (1979), (abgekürzt ME 1979): *Deutsche Predigten und Traktate.* München: Diogenes.

Meister Eckhart (1993), (abgekürzt ME 1993a und ME 1993b): *Meister Eckhart Predigten. Werke in zwei Bänden.* Frankfurt am Main: Deutscher Klassikerverlag.

Morone N. E.; Greco C. M.; Weiner D. K. (2008): Mindfulness meditation for the treatment of chronic low back pain in older adults: a randomized controlled pilot study. In: *Pain* 134 (3). S. 310-319.

Nußbeck, S. (2006): *Einführung in die Beratungspsychologie.* München: Ernst Reinhardt GmbH & Co KG Verlag.

Nyanaponika (1970): *Geistestraining durch Achtsamkeit.* Konstanz: Christiani Verlag.

Perls, F. (1978): *Das Ich, der Hunger und die Aggression. Die Anfänge der Gestalttherapie.* Stuttgart: Klett-Cotta.

Perls, F.; Hefferline, R.; Goodman P. (1979): *Gestalttherapie. Wiederbelebung des Selbst* (Bd. 1) und *Lebensfreude und Persönlichkeitsentfaltung* (Bd. 2). Stuttgart: Klett-Cotta.

Perls, F. (1981): *Gestalt-Wahrnehmung. Verworfenes und Wiedergefundenes aus meiner Mülltonne. Die ungewöhnliche Autobiografie des Begründers der Gestalt-Therapie.* Frankfurt: Verlag für humanistische Psychologie Werner Flach KG.

Perls, F. (1985): *Gestalt-Wachstum-Integration. Aufsätze. Vorträge. Therapiesitzungen.* Paderborn: Junfermann Verlag.

Perls, F.; Doubrawa, A. und E. (Hrsg.) (2004): *Was ist Gestalttherapie?* (2. erweiterte Auflage). Wuppertal: Peter Hammer Verlag.

Perls, L.; Doubrawa, A. und E. (Hrsg.) (2005): *Meine Wildnis ist die Seele des Anderen. Der Weg zur Gestalttherapie. Laura Perls im Gespräch mit Daniel Rosenblatt.* Wuppertal: Peter Hammer Verlag.

Reuster, T. (2011): Achtsamkeit aus philosophischer Sicht. In: Anderssen-Reuster, Ulrike (Hrsg.): *Achtsamkeit in Psychotherapie und Psychosomatik: Haltung und Methode* (2. Auflage). Stuttgart: Schattauer. S. 8-20.

Rogers, C. R (2012): *Die klientenzentrierte Gesprächspsychotherapie.* Client-Centered Therapy. (19. Auflage). Frankfurt am Main: Fischer Taschenbuch Verlag.

Rose, N.; Walach, H. (2009): Die historischen Wurzeln der Achtsamkeitsmeditation-Ein Exkurs in Buddhismus und christliche Mystik. In: Heidenreich, T.; Michalak, J. (Hrsg.): *Achtsamkeit und Akzeptanz in der Psychotherapie. Ein Handbuch.* (3. Auflage). Tübingen: dgvt Verlag. S.27-48.

Sautter, C. (2009): *Systemische Beratungskompetenz-ein Lehrbuch.* Wolfegg: Verlag für systemische Konzepte.

Seichter, S. (2007): *Pädagogische Liebe. Erfindung, Blütezeit, Verschwinden eines pädagogischen Deutungsmusters.* Paderborn: Verlag Ferdinand Schöningh GmbH.

Schlippe, A. v.; Schweitzer, J. (2003): *Lehrbuch der systemischen Therapie und Beratung. (9. Auflage).* Göttingen: Vandenhoeck & Ruprecht Verlag.

Schulz von Thun, F. (1981): *Miteinander reden 1-Störungen und Klärungen. Allgemeine Psychologie der Kommunikation.* Reinbek: Rowohlt.

Schwing, R.; Fryszer, A. (2007): *Systemisches Handwerk-Werkzeug für die Praxis.* (2. Auflage). Göttingen: Vandenhoeck & Ruprecht Verlag.

Segal, Z.V. Williams; J. M. G. & Teasdale, J. D. (2008): *Die Achtsamkeitsbasierte Kognitive Therapie für Depression-Ein neuer Ansatz zur Rückfallprävention.* Tübingen: dgvt Verlag.

Siegel, D.J. (2007): Mindfulness training and neural integration: differentiation of distinct streams of awareness and the cultivation of well-being. In: *SCAN* (2). S. 259-263.

Stimmer, F. (2000): *Lexikon der Sozialarbeit und Sozialpädagogik.* (4.Auflage). München [u.a.]: R. Oldenbourg Verlag.

Strosahl, K. D.; Robinson P. J. (2009): *Durch Achtsamkeit und Akzeptieren ihre Depression überwinden. Ein Handbuch zur Acceptance & Commitment Therapie (ACT).* Paderborn: Junfermannsche Verlagsbuchhandlung.

Thich Nhat Hanh (2009): Vom Alltagsbewusstsein zum Kern der Übung. In: Heidenreich, T.; Michalak, J. (Hrsg.): *Achtsamkeit und Akzeptanz in der Psychotherapie. Ein Handbuch.* (3. Auflage). Tübingen: dgvt Verlag. S.49-54.

Wagner, R. F.; Hinz, A. (2009): Beratung. In: Wagner, R. F.; Hinz, A.; Rausch, A.; Becker, B.. Modul *Pädagogische Psychologie.* Bad Heilbrunn: Julius Klinkhardt Verlag. S.123-173.

Wagner, A. C. (2008): Gelassenheit und Handlungsfähigkeit durch Introvision als Methode der mentalen Selbstregulation-eine Einführung. In: *Gruppendynamik und Organisationsberatung.* (Band.39). (2). Wiesbaden: Springer VS. S. 135-149.

Wagner, A. C. (2007): *Gelassenheit durch Auflösung innerer Konflikte. Mentale Selbstregulation und Introvision.* Stuttgart: Kohlhammer.

Wagner, A. C.; Iwers-Stelljes, T. A. (2005): Gelassener werden durch Introvision-ein neuer Ansatz für Beratung und Selbstmanagement. In: *Pädagogik* (6). Hamburg: Pädagogische Beiträge Verlag. S. 20-23.

Watzlawick, P.; Beavin, J. H.; Jackson, D.D (1990): *Menschliche Kommunikation: Formen, Störungen, Paradoxien.* (8. Auflage). Bern [u.a]: Huber.

Weinstein, N.; Brown, K. W.; Ryan, R. M. (2009): A multi-method examination of the effects of mindfulness on stress attribution, coping and emotional well-being. *Journal of Research in Personality* (43). S. 374-385.

Weiss, H.; Harrer, M. E. (2010): Achtsamkeit in der Psychotherapie. Veränderung durch „Nicht-Verändern-Wollen"-ein Paradigmenwechsel? In: *Psychotherapeutenjournal* (1). Heidelberg: Psychotherapeutenverlag. S. 14-24.

Witzel, A. (1982): *Verfahren der qualitativen Sozialforschung. Überblick und Alternativen.* Frankfurt a.M.: Campus Verlag.

Wurll, P. (2011): Achtsamkeit als therapeutische Grundhaltung. In: Anderssen-Reuster, U. (Hrsg.): *Achtsamkeit in der Psychotherapie und Psychosomatik: Haltung und Methode.* Stuttgart: Schattauer. S. 110-121.

Zarbock, G.; Ammann, A.; Ringer, S. (2012): *Achtsamkeit für Psychotherapeuten und Berater.* Weinheim, Basel: Beltz.

Zechner, Frank (2000): *Die vier edlen Wahrheiten des Buddha.* München: Piper Verlag.

Interviewverzeichnis

BI1, Transkript des Interviews mit einer Introvisionsberaterin vom 07.11.2012

BI2, Transkript des Interviews mit einer Introvisionsberaterin vom 27.11.2012

BG1, Transkript des Interviews mit einer Gestalttherapeutin/Gestaltberaterin vom 20.11.2012

BG2, Transkript des Interviews mit einer Gestalttherapeutin/Gestaltberaterin vom 12.12.2012

BS1, Transkript des Interviews mit einer Systemischen Beraterin vom 11.12.2012

Anhang

Leitfadeninterview

Leitfrage/Erzählaufforderung	Vertiefungsfrage	Ziel der Frage/erfragte Dimension von Achtsamkeit
Allgemeine Fragen/Vor der Beratung		
Bereiten Sie sich auf Ihre Beratungssitzungen vor?	Bereiten Sie sich eher mental und/oder organisatorisch vor?	Einstieg in das Thema Orientierung am Hier und Jetzt
Haben Sie Grundsätze, mit denen Sie im Idealfall in die Beratung gehen? Wie würden Sie Ihre Grundhaltung beschreiben?	Wenn Sie sich eine für Sie positiv verlaufende Beratungssituation vorstellen, wie würden Sie Ihre Beziehung/Ihre Haltung zu Ihren Klienten beschreiben? Wenn Sie sich eine eher negativ verlaufende Beratung vorstellen, wie würden Sie Ihre Beziehung/Ihre Haltung zu Ihren Klienten beschreiben?	Grundsätzliche Haltung
Haben Sie Wünsche oder Erwartungen an sich oder an Ihre Klienten?	Wie gehen Sie damit um, wenn diese nicht erfüllt werden?	Orientierung am Hier und Jetzt. Akzeptanz der Klienten und der sich spontan ergebenden Beratungssituation

In der Beratung: Fragen zur Beziehung zwischen Beraterin und Klient		
Gibt es ein bestimmtes Schema, nach dem Sie den Beratungsprozess durchführen?	Treffen Sie mit Ihren Klienten vor oder im Verlauf der Beratung Zielvereinbarungen?	Orientierung am Hier und Jetzt
Fällt es Ihnen manchmal schwer, die Situation der Klienten zu akzeptieren?		Akzeptanz der Klienten
Wie gehen Sie damit um, wenn Sie einmal einen „schlechten Tag“ haben, aber in die Beratungssituation „müssen“? Wie gehen Sie damit um, wenn bei Ihnen in der Beratung negative Gefühle aufkommen?	Ggf. Beispiele für negativ empfundene Gefühle nennen (Wut, Abneigung, Langeweile etc.).	Bewusstsein über eigene Gedanken und Gefühle Akzeptanz von (negativen) Gefühlen und Gedanken Werden bestimmte Gedankenmuster erkannt?
Fällt es Ihnen leicht in der Beratungssituation mit Ihrer Aufmerksamkeit konzentriert bei den Klienten zu bleiben?	Kommt es vor, dass Ihre Gedanken gelegentlich abschweifen? Sind Sie manchmal gedanklich bei anderen Dingen, zum Beispiel dabei, was Sie später tun werden oder lieber tun würden?	Fokussierte Aufmerksamkeit
Spielen in der Beratung Körperempfindungen (Gestik, Mimik und die Stimme) eine Rolle?	Nehmen Sie Ihre eigenen Körperempfindungen in der Beratung wahr (z.B. Herzklopfen, Aufregung)? Beziehen Sie die Körperempfindun-	Orientierung am Körper (und damit am Hier und Jetzt)

	gen Ihrer Klienten in den Beratungsprozess mit ein?	
Nehmen Sie während der Beratung Ihre Umgebung wahr?	Beispielsweise Gerüche oder Geräusche aus dem Raum?	Fokussierte Aufmerksamkeit Kontextwahrnehmung
Nach der Beratung		
Denken Sie nach Abschluss der Beratung und im Feierabend manchmal noch über Ihre Klienten und die Beratung nach?	Sind diese Gedanken möglicherweise ausgelöst durch eine starke Empathie, die Sie empfinden? Verfallen Sie gelegentlich ins „Grübeln“?	Beobachtung und Bewusstsein von eigenen Gefühlen und Gedanken Akzeptanz der Situation der Klienten? Werden bestimmte Gedankenmuster erkannt?
Tun Sie etwas, um nach der Arbeit besser abschalten zu können?	Bitte erläutern Sie Ihre Methoden.	Beobachtung und Bewusstsein der eigenen Gefühle
Bewerten Sie Ihre Arbeit manchmal? „Das habe ich gut gemacht“, „Das habe ich schlecht gemacht.“	Überlegen Sie, was sie hätten Anderes/Besseres sagen können?	Akzeptanz eigener Handlungen Bewusstsein über eigene Gedanken und Gefühle Werden bestimmte Gedankenmuster erkannt?
Wie würden Sie Ihre Gefühle gegenüber Ihren Klienten beschreiben?	Viele Beratende betonen die Wichtigkeit einer liebevollen und mitfühlenden Haltung. Können Sie das	Mitgefühl und Liebe für die Klienten

	nachempfinden? Haben Sie ähnliche Gefühle in der Beratung auch schon erlebt? Wie fühlen sich Mitgefühl und Liebe für Sie an? Glauben Sie, es ist möglich für alle Klienten in gleicher Weise Mitgefühl und Liebe zu empfinden? Wenn ja, würden Sie sich das wünschen?	
	Abschließende Fragen	
Haben wir etwas vergessen, was Sie gerne abschließend noch ansprechen würden?	Wir haben über […] gesprochen. Vielleicht gibt es noch etwas anderes, das Ihnen am Herzen liegt?	

Kodierleitfaden

Hauptkategorie	Subkategorie	Definition	Ankerbeispiele	Kodierregel
Fokussierte Aufmerksamkeit	K1: Aufmerksamkeit und Präsenz	Die Beraterin erlebt in der Beratung einen aufmerksamen und präsenten Zustand.	*„Es gibt für mich nichts anderes zu tun, als hier gut im Kontakt zu sein, präsent zu sein. Und diese Präsenz holt mich ja total ins Hier und Jetzt. Und ich finde in meinem Leben nichts heilsamer eigentlich, als meine Arbeit. Also, die heilt mich im Grunde mindestens so doll, wie das, was ich für die tue, ja, so mein Eindruck. Weil ich so viel wirklich im Hier und Jetzt sein darf, total präsent."(BG2, Z. 232ff)*	Wenn eine Aussage darauf hindeutet, dass die Beraterin in der Beratung einen Zustand von Aufmerksamkeit und Präsenz erlebt.
	K2: Bewusst herbeigeführte Aufmerksamkeit und Präsenz	Die Beraterin beschreibt einen Zustand von Präsenz und Aufmerksamkeit in der Beratung, den sie bewusst herbeigeführt hat.	*„[…] und ich bereite mich darauf vor, indem ich versuche nicht aus so einem Stress zu kommen, sondern ich bin eigentlich immer zeitig hier und habe auch zwischen den Sitzungen genug Zeit,*	Wenn eine Aussage darauf hindeutet, dass die Beraterin einen aufmerksamen und präsenten Zustand bewusst herbeiführt.

			mich innerlich wieder leer zu machen." (BG2, Z. 5ff)	
	K3: Kontextwahrnehmung	Die Beraterin nimmt während der Beratung Sinneseindrücke (z.B. Geräusche und Gerüche) in ihrer Umgebung wahr (ohne sich von diesen ablenken zu lassen).	*„Ja, ich nehme meine Umgebung total wahr. Und ich finde das spannend, weil ich merke, meine Klienten sind meistens so bei sich, die merken das überhaupt nicht. Ich kriege das alles mit."(BG2, Z. 361ff)*	Wenn eine Aussage darauf hindeutet, dass die Beraterin sich ihrer Umgebung bewusst ist.
Hier und Jetzt	K4: Prozessorientierte Beratung	Die Beraterin verfolgt kein festes Beratungsschema und passt ihre Beratung an die Klienten an.	*„Aber dann probiere ich etwas anderes, dann gehe ich einen anderen Weg. Das nützt nichts, selbst wenn da irgendwo etwas Wahres dran ist, ich erreiche den Klienten damit nicht und dann hilft es niemandem." (BG2, Z.281ff)*	Wenn aus den Aussagen hervorgeht, dass die Beratung sich aus dem Prozess entwickelt und an die Klienten angepasst wird.
		Die Beraterin hat ein Beratungsschema und berät zielorientiert.	*„Ich fordere die Klientin in der Regel auf, von sich aus ein Ziel für diese Sitzung zu nennen." (BI1, Z.104f)*	Wenn aus den Aussagen hervorgeht, dass die Beraterin einen bestimmten Beratungsablauf hat und Ziele setzt (alleine oder zusammen mit ihren Klienten).

	K5: Orientierung der Beraterin am Hier und Jetzt	Die Beraterin bereitet die Beratungssitzungen nicht vor. Die Beratung entwickelt sich aus dem jetzigen Moment.	*„Jede Beratung ist für mich eine neue Begegnung. Jede. Auch wenn ich eine Klientin schon hundertmal gesehen habe. Und ich habe keine Idee davon, was heute passiert und ich bin ganz interessiert und offen.“ (BS1, Z. 206ff)* *„Wenn ich dann im Kontakt wieder bin, ist irgendwas anderes wichtig, als das was ich mir in meinem Mind zurecht gelegt habe […] dann passiert das, was ich am Anfang beschrieben habe, dass es dann nicht so gut läuft, weil dann ist mein Mind zu sehr im Weg, meine Vorstellungen, ja, sind dann davor, statt dass ich wirklich wieder gucke: ´OK, wie sind sie hier heute? Wie geht es ihnen jetzt?`“ (BG2, Z. 262ff)*	Wenn aus der Aussage hervorgeht, dass die Beraterin sich in der Beratung immer wieder neu am jetzigen Moment orientiert.

		Die Beraterin bereitet die Beratungssitzungen inhaltlich vor. Sie hat Vorstellungen von der Beratung im Kopf.	*„Ja, meistens schon. Also ich gucke mir halt die letzten Gespräche nochmal an und überlege, was waren jetzt die Sachen, die wir besprochen haben, was am Ende rausgekommen ist, ob das Themen waren, wo ich nochmal nachhaken wollte." (BI2, Z. 2ff)*	Wenn die Aussage darauf hindeutet, dass die Beraterin sich inhaltlich auf die Beratung vorbereitet.
	K6: Dem Entstehen vertrauen	Die Beraterin vertraut auf eine angemessene Beratung, ohne bestimmte Ziele erreichen zu müssen und sieht einen „höheren Sinn" in den Problemen ihrer Klienten.	*„Naja, das braucht schon so ne gewisse auch Loslösung, also quasi so was wie um zurückzukommen zu diesem Vertrauen und diesem Sinn, also, irgendeinen Sinn wird das schon haben." (BG2, Z. 392ff)*	Wenn eine Aussage darauf hindeutet, dass die Beraterin darauf vertraut, dass sich eine angemessene Beratung entwickelt.
	K7: Körperempfindungen der Klienten	Die Beraterin bezieht die Körperempfindungen der Klienten in die Beratung mit ein.	*„Also für viele Menschen ist der Körper der Zugang zu ihrem (.) Kontakt (.) zu sich […]. Manche kommen gut über den Körper in den Kontakt, dann frage ich auch: 'Wo fühlst du das?` Weil oft*	Die Aussage deutet darauf hin, dass die Körperempfindungen der Klienten in der Beratung eine Rolle spielen.

			sind ja Worte schon eine Interpretation und dann wirklich, um damit wirklich Kontakt aufzunehmen, braucht es manchmal das wirklich, in den Körper zu fühlen.“ (BG2, Z. 333ff)	
	K8: Körperempfindungen der Beraterin	Die Beraterin bezieht ihre eigenen Körperempfindungen in die Beratung mit ein. Körperempfindungen spielen auch nach der Beratung eine Rolle.	*„Dieses Erden, das ist halt auch ganz wichtig, das ist eine ganz basale Fähigkeit, was die Leute im Laufe des Lebens oft verlieren […].“ (BI2, Z. 44ff) „[…] und ich stelle meine Füße auf den Boden und, ähm, merke, hier, das bin ich und das sind meine Grenzen und da ist das Gegenüber und das sind seine Grenzen ((deutet mit den Händen, den eigenen Radius und den des Klienten an)).“(BI2, Z.54ff)*	Die Aussage deutet darauf hin, dass eigene Körperempfindungen während und nach der Beratung eine Rolle spielen.

Beobachtung aller Gedanken, Gefühle und Sinneseindrücke	K9: Gedanken, Gefühle und Sinneseindrücke werden als solche erkannt	Die Beraterin ist sich ihrer eigenen Gedanken, Gefühle und Sinneseindrücke während der Beratung bewusst.	*„Manchmal, wenn ich mitkriege, meine Gedanken sind gerade irgendwo anders, ich kreise gerade um meine eigenen Themen oder […]“ (BG2, Z. 17ff)*	Wenn deutlich wird, dass die Beraterin ihre Gedanken, Gefühle und Sinneseindrücke erkennt.
	K10: Heraustreten aus Reaktionen und Identifikationen	Die Beraterin kann aus ihren Gedanken und Gefühlen durch zeitweilige Pausen, stille Versenkung oder Innehalten in der Beratung heraustreten.	*„Also es ist nicht so, dass ich erst ne ganze Stunde genervt bin und das erst hinterher mitkriege, sondern ich kriege das mit in der Stunde, dass ich nicht mehr ganz mit dem Herzen da bin und dann (.) manchmal ist es auch so, dass ich mich dann erst mal zurücklehne, dann trinke ich erst mal einen Schluck Tee und denke: ´Na gut, lass ihn.`“ (BG2, Z. 178ff)*	Die Aussage deutet darauf hin, dass die Beraterin von ihren Gedanken und Gefühlen zurücktreten kann.
Vollkommene Akzeptanz	K11: Akzeptanz eigener Gedanken und Gefühle im Beratungsprozess	Die Beraterin akzeptiert eigene Gedanken und Gefühle und macht diese nutzbar für die Beratung.	*„Also das heißt, wenn ich so ein bisschen Wut fühle, dann ist es gut möglich, dass der Klient wütend ist und seine Wut nicht ausdrückt. Das heißt*	Wenn die Aussage darauf hindeutet, dass die Beraterin ihre eigenen Gedanken und Gefühle akzeptiert und diese für die Beratung nutzbar

			insofern ist so ein negatives Gefühl, was entsteht in so einer Sitzung, wertvoll.“ (BG2, Z. 204ff)	macht.
	K12: Akzeptanz der Situation der Klienten	Die Beraterin akzeptiert die derzeitige Situation der Klienten sowie unvorhergesehene Veränderungen im Beratungsprozess und lässt die Klienten eigene Lösungsweg finden.	*„Das heißt, so meine Einstellung, wenn jetzt jemand kommt, ist überhaupt nicht so: ´Irgendetwas ist richtig` oder ´Irgendetwas ist falsch`, sondern erst mal forsche ich: ´Wie macht der Mensch das?` ´Was ist seine bisherige Methode, dieses Problem zwischen sich und der Umwelt zu lösen?` Und das <u>wie</u>, <u>wie</u> macht der das oder wie mache ich das, ist meistens schon eine wertvolle Erkenntnis für den Menschen.“ (BG2, Z. 38ff)*	Wenn die Aussage darauf hindeutet, dass die Beraterin die Situation der Klienten, den persönlichen Lösungsweg sowie unvorhergesehene Veränderungen im Beratungsprozess akzeptiert.
	K13: Keine Erwartungen gegenüber den Klienten	Die Beraterin hat keine bestimmten Erwartungen an ihre Klienten.	*„Ja also erst mal natürlich nicht, die sollen erst mal kommen und, ähm, allerdings manchmal kommen Paare und wenn Paare kommen versuche ich am*	Die Aussage deutet darauf hin, dass die Beraterin keine Erwartungen an die Klienten hat.

			Anfang herauszufinden, warum die kommen und ich habe natürlich den Wunsch, dass die mit einer gewissen Offenheit da sind und wenn die Offenheit nicht da ist, dass sie zumindest damit ehrlich sind, dass sie nicht ganz offen sind." (BG2, Z.56ff)	
	K14: Bewertungs-freie Reflexion der Beraterin	Der Beraterin gelingt es nach der Beratung, ihr Verhalten bewertungsfrei zu reflektieren. Sie grübelt nach Abschluss der Arbeit nicht über ihr Verhalten nach und kategorisiert es nicht („Das habe ich gut gemacht", „Das habe ich schlecht gemacht.").	*„Wenn ich das Gefühl habe irgendwas stört mich noch am Verlauf oder an irgendwas, was passiert ist, dann versuche ich halt darüber nachzudenken: 'Was war das jetzt eigentlich?` Und dann nutze ich halt auch automatisch die Methode der Introvision und denke darüber nach: `Was hat mich daran eigentlich gestört? Was war eigentlich das Problem und was ist der Kern dessen?`" (BI2, Z. 507ff)*	Wenn aus einer Aussage deutlich wird, dass die Beraterin ihre Arbeit reflektieren kann, ohne ihr Verhalten zu bewerten.

Mitgefühl und Liebe	K15: Ausweitung der Achtsamkeit von „innen“ nach „außen“	Die Beraterin weitet die hergestellte Achtsamkeit auf die Klienten aus und lädt sie ein in den achtsamen Raum zu treten. Ihre Haltung hat Vorbildfunktion.	*„Ich glaube, diese, meine Art <u>nicht</u> schulmeisterhaft zu sein, sondern, ich bin wirklich interessiert an dem was da passiert, war offensichtlich für ihn einladend genug, als dass er sich (.) ich fand ihn <u>total</u> offen, also das hat mich richtig berührt.“ (BG2, Z. 107ff)*	Wenn aus einer Aussage deutlich wird, dass die innere Haltung der Beraterin positive Auswirkungen auf die Klienten hat.
	K16: Positive Gefühle gegenüber den Klienten	Die Beraterin begegnet den Klienten offen und mitfühlend.	*„In der Regel erst mal freundlich, aufgeschlossen, annehmend (.), wie ich das halt mit jedem neuen Klienten und ja auch mit den meisten Menschen mache.“(BI2, Z. 340f)*	Die Beraterin beschreibt positive Gefühle, die sie gegenüber den Klienten empfindet.
	K17: Liebe für die Klienten	Die Beraterin empfindet Liebe für ihre Klienten.	*„Das würde ich sagen, schwankt zwischen Forschungsinteresse, aber es ist eigentlich […], ich will nicht anmaßend sein, aber ich würde eigentlich Liebe sagen. Also auch diese Neugierde, Forschen (.) ist fast so was wie Liebe.*	Wenn die Beraterin die Gefühle, die sie gegenüber den Klienten empfindet, als Liebe bezeichnet.

			[…] es entsteht fast unweigerlich so eine Art Liebe, Zuneigung, wenn jemand bereit ist, das, was sowieso da ist, da sein zu lassen. E g a l, was es ist, auch wenn es Hass ist, aber wenn jemand da so bereit ist, sich das anzuschauen, das macht sofort das Herz auf. Deswegen würde ich es als so eine Art Liebe bezeichnen." (BG2, Z. 411ff)	
		Die Beraterin empfindet keine Liebe für ihre Klienten	*„[…] aber ne Liebe (.), ne, das ist nicht mein Begriff, also wenn Sie das sagen, da sträubt es sich in mir richtig ((abweisende Geste)). Das kann ich für Freunde empfinden, für meine Familie, aber für meine Klienten, ich hab die gern oder ich schätze die als Menschen, aber es ist nicht etwas, was ich als Liebe bezeichnen würde." (BI1, Z. 217ff)*	Wenn die Aussage darauf hindeutet, dass die Beraterin sich klar von dem Gefühl Liebe für ihre Klienten zu empfinden distanziert.

Achtsamkeitsübungen	K18: Achtsamkeitsübungen	Die Beraterin bringt den Klienten Übungen zur Schulung von Achtsamkeit bei, die diese auch außerhalb der Beratung anwenden können.	*„Wenn ich Introvisionsberatung mache, dann ist es so, dass dieser Verlauf, den ich gerade beschrieben habe, in diesem kompakten Teil sehr stark davon geprägt ist, dass ich dem die Methode erst mal beibringe und, dass wir dann eben Introvisionsberatungsgespräche, wirklich im klassischen Sinne, führen." (BI1, Z.109ff)*	Wenn die Aussage darauf hindeutet, dass die Beraterin den Klienten Achtsamkeitsübungen beibringt, die diese selbstständig anwenden können.

Zeitfracht Medien GmbH
Ferdinand-Jühlke-Straße 7
99095 Erfurt, Deutschland
produktsicherheit@kolibri360.de